八門遁甲秘伝

栖澤照覚

大教正　柄澤照覺輯

八門遁甲祕傳

東京　神誠館藏版

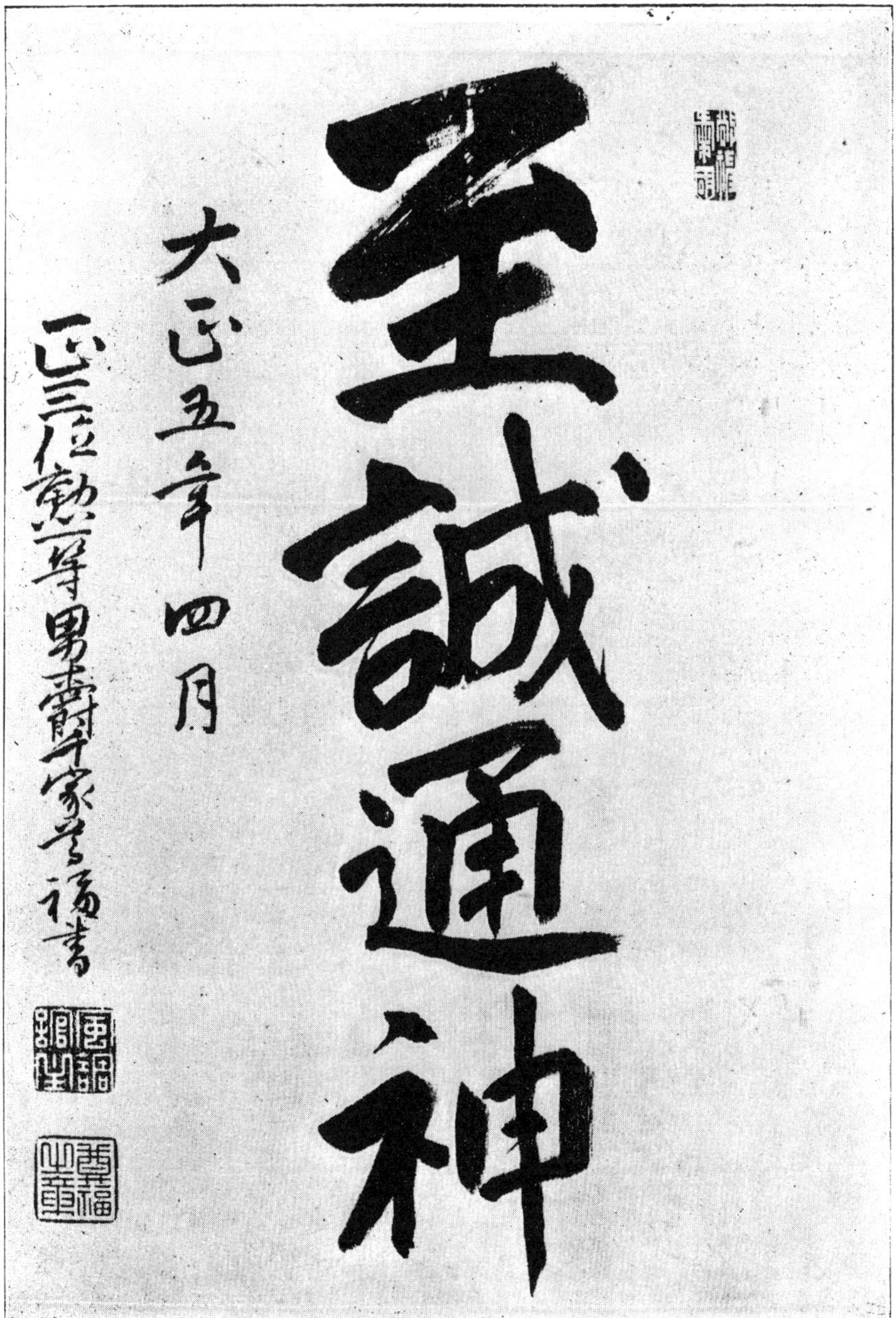
至誠通神
大正五年四月
正三位勲一等男爵千家尊福書

八門遁甲秘傳　卷上

目次

八門遁甲祕傳 卷下

目次

八門遁甲祕傳 目次終

八門遁甲秘傳　巻上

柄澤照覺輯

遁甲法の起原及び傳來

奇門遁甲は、黃帝に始まる、昔し黃帝、風后に命じて、奇門遁甲を制し、蚩尤と戰ひて、之を涿鹿の野に擒にす、當時已に一千八十の制あり、周に至り、太公望、之を約して七十二と爲す、漢の張良、黃石公の秘授を得、又約して十八局と成す、降りて蜀漢に逮び、諸葛武侯、能く其妙用を盡せしも、六朝の世、寥々として傳ふる者なし、唐の高宗の永徽中、河東喜縣の丘延翰、神人に逢ひて、其傳を得、開元中、玄宗召して之に官を賜ひ、其書三巻を取りて、之を內庫に藏むと云ふ、清の乾隆六年、詔して協紀辨方を作るも、時家一千八十の內、唯陽遁一局、甲子時、乙丑時、陰遁九局、甲子時、丙寅時の四圖あるのみにして、其他を記さゞるは、憾むべし、我國推古天皇十年冬十月、百濟國より、歷史及び天文地理遁甲方術の書を獻ず、實に隋の煬帝仁壽二年なり、其後兵燹に遇ひ、遂に遁甲の傳を失ふ、爾後傳ふる者ありと雖も、皆唐宋以後の謬說にして、用に適せざるもの多し、今協紀辨方及び前人の諸說を參考し、其誤謬を訂正し、將に以て後人の惑ひを解かんとす、蓋し奇門遁甲は、本兵を行るが爲にして設くるものと雖も、亦人事諸般に應用すべく、其大に之を用ふると、小に之を用ふるとは、其人に存するなり。

遁甲法の要領

遁甲の法は、天地の鬼神、各方隅に循環して、生殺する所の義を明かにせしものなり、其生殺する所、固より五行の生尅に出づ、夫れ甲の干は、十干の首にして、下の九つの干を統領するものなれば、十干の中、最も甲を尊しと爲す、然れども甲は木にして、庚の金を畏る、故に甲を遁匿して、庚の尅を受けしめざるを主とす、乃ち乙丙丁を名つけて三奇と曰ひ、乙は地八の木にして、中妹なり、之を以て庚に配し、以て庚の情を牽制す、丙は天七の火、丁は地二の火なれば、之を甲の男女と爲し、以て庚を制し、庚の勢をして縦まゝならしめざるなり、又戊己庚辛壬癸の六干は、皆乙丙丁の專制を用ふることありて、甲獨り最第一の位なきは、上に云ふ六干と同處に位すればなり、甲子は六つの戊と同く、甲申は六つの庚と同く、甲午は六つの辛と同く、甲辰は六つの壬と同く、甲寅は六つの癸と同じ、是れを以て六十甲子、坎坤震巽中乾兌艮離の九宮に六儀を布くに、甲子甲戌と、次第に甲寅まで位するなり、六儀とは、戊己庚辛壬癸を謂ふ、九宮八門の圖、左の如し。

八門

八門は、坎を休門と爲し、艮を生門と爲し、震を傷門と爲し、巽を杜門と爲し、離

を景門と爲し、坤を死門と爲し、兌を驚門と爲し、乾を開門と爲すなり。

冬至には、休門旺し、生門絶し、傷門胎し、杜門沒し、景門死し、死門囚し、驚門休し、開門廢す。

立春には、生門旺し、傷門絶し、杜門胎し、景門沒し、死門死し、驚門囚し、開門休し、休門廢す。

春分には、傷門旺し、杜門絶し、景門胎し、死門沒し、驚門死し、開門囚し、休門休し、生門廢す。

立夏には、杜門旺し、景門絶し、死門胎し、驚門沒し、開門死し、休門囚し、生門休し、傷門廢す。

夏至には、景門旺し、死門絶し、驚門胎し、開門沒し、休門死し、生門囚し、傷門休し、杜門廢す。

立秋には、死門旺し、驚門絶し、開門胎し、休門沒し、生門死し、傷門囚し、杜門休し、景門廢す。

秋分には、驚門旺し、開門絶し、休門胎し、生門沒し、傷門死し、杜門囚し、景門休し、死門廢す。

立冬には、開門旺し、休門絶し、生門胎し、傷門沒し、杜門死し、景門囚し、死門休し、驚門廢す。

冬至より廻りて、始めに復するなり。

以上は、八節八門の旺相にして、一節は、以下の三節を兼ねて言ふ、例へば、冬至は、小寒大寒を兼ね、立春は、雨水啓蟄を兼ぬるが如し、他之に倣ふ。

九星

九星は、天蓬、天任、天衝、天輔、天禽、天英、天芮、天柱、天心なり。

凡そ天蓬星の巡る處は、邊境を安撫し、城地を修築するに宜し、官に入り、貴人を見、婚嫁、移轉、商賈、賣買、普請、造作等に宜し。

凡そ天任星の巡る處は、國邑を立て、人民を化し、官に入り、貴人を見、或は請求し、或は求めに應じ、賣買、嫁娶するに宜しく、移轉、造作等に宜しからず。

凡そ天衝星の巡る處は、征伐、戰鬪、報怨、酬恩等に宜しく、官に上り、貴人を見、嫁娶、移轉、營造等に宜しからず。

凡そ天輔星の巡る處は、道を講じ、敎へを設け、凶を誅し、暴を討ち、官に入り、貴人を見、嫁娶、移轉、賣買、營造、受驗、入學等に宜し。

凡そ天禽星の巡る處は、祭祀、祈禱、官に入り、貴人を見、爵を賜ひ、功を賞し、嫁娶、移轉、賣買、營造等に宜し。

凡そ天英星の巡る處は、官に上り、貴人を見るに宜しく、嫁娶、移轉、賣買、營造、祭祀、遠行等に宜しからず。

凡そ天芮星の巡る處は、道德を尙び、師を尊び、友に親しみ、官に入り、貴人を見、嫁娶、移轉、賣買、營造等に宜し。

凡そ天柱星の巡る處は、營壘を修築し、士卒を訓練するに宜しく、官に入り、貴人を見、嫁娶、移轉、賣買、營造等に宜しからず。

凡そ天心星の巡る處は、師旅を興し、暴惡を誅し、官に入り、貴人を見、嫁娶、移轉、賣買、營造等に宜し。

八許門

八許門は、直符、騰蛇、太陰、六合、勾陳、朱雀、九地、九天なり、而して、九天、九地、六合、太陰を吉とす。

直符は、中央の土を禀け、貴人の位にして、能く万物を育するものとす、騰蛇は、南方の火を禀け、虚耗の神とす、大陰は、西方の金を禀け、陰祐の神と爲し、能く禎祥を降すものとす、六合は、東方の木を受け、雷部雨師護衛の神とす、勾陳は西方の金を稟け、剛猛の神にして、兵戈戰鬪を主る、朱雀は、北方の水を稟け、刑戮の神とす、九地は、坤土の象にして、萬物の母、陰晦の神とす、九天は乾金の象にして万物の父、顯揚の神とす、九星八門、地盤に在りて、固より定れる位あり、休門坎、天蓬坎の如き、是れなり、然るに天盤に在りては、其直符直使の巡る處に隨ひて、地盤の位を移し、自ら生尅して、吉凶を爲すなり。

冬至より夏至までは陽なり、六儀を順に九宮に布き、三奇を逆に布くなり。

夏至より冬至までは陰なり、六儀を逆に布き、三奇を順に布くなり。

陽遁順上中下の局

冬至　啓蟄　坎兌巽　小寒　坤艮中

春分　大寒　震離乾　立春　艮中坤

雨水　離乾震　清明　立夏　巽坎兌

穀雨	小滿	中坤艮	芒種	乾震離

陰遁逆上中下の局

夏至	白露	離震乾	小暑	艮坤中
大暑	秋分	兌坎巽	立秋	坤中艮
處暑	坎兌巽		寒露	立冬	乾離震
霜降	小雪	中艮坤	大雪	巽兌坎

五日を一候とす、十五日にして三候なり、是を一氣とす、故に一月に二氣あり、積みて一年に二十四氣なり。

甲と己とを以て符頭とす、例へば、甲子を符頭として五日、己巳又五日、符頭とす、六つの甲己に隨ひて、其日の符頭とするなり、上元は、子午卯酉にして、中元は、寅申巳亥、下元は、辰戌丑未にして、符頭を換ふる故、半月十五日にして、三局を巡り、一氣調ふなり、故に事を用ふるの日を、或は甲子、或は甲戌、或は己巳己卯と、旬につきて符頭を定め、其用ふる時の當りたる處の前の甲泊する處を、直符又は直使と定むるなり、坎宮に在るときは、天蓬直符、休門直使とす、他局も是に倣ふ、直符時の干に從ふ、用ふる時の干、地盤何の宮に在るを見て、九星天盤の直符を移し、其宮に至らしむるなり、直使時の支に從ひ、地盤何の宮に其支泊するを見て、八門天盤の直使を其宮に至らしむるなり。

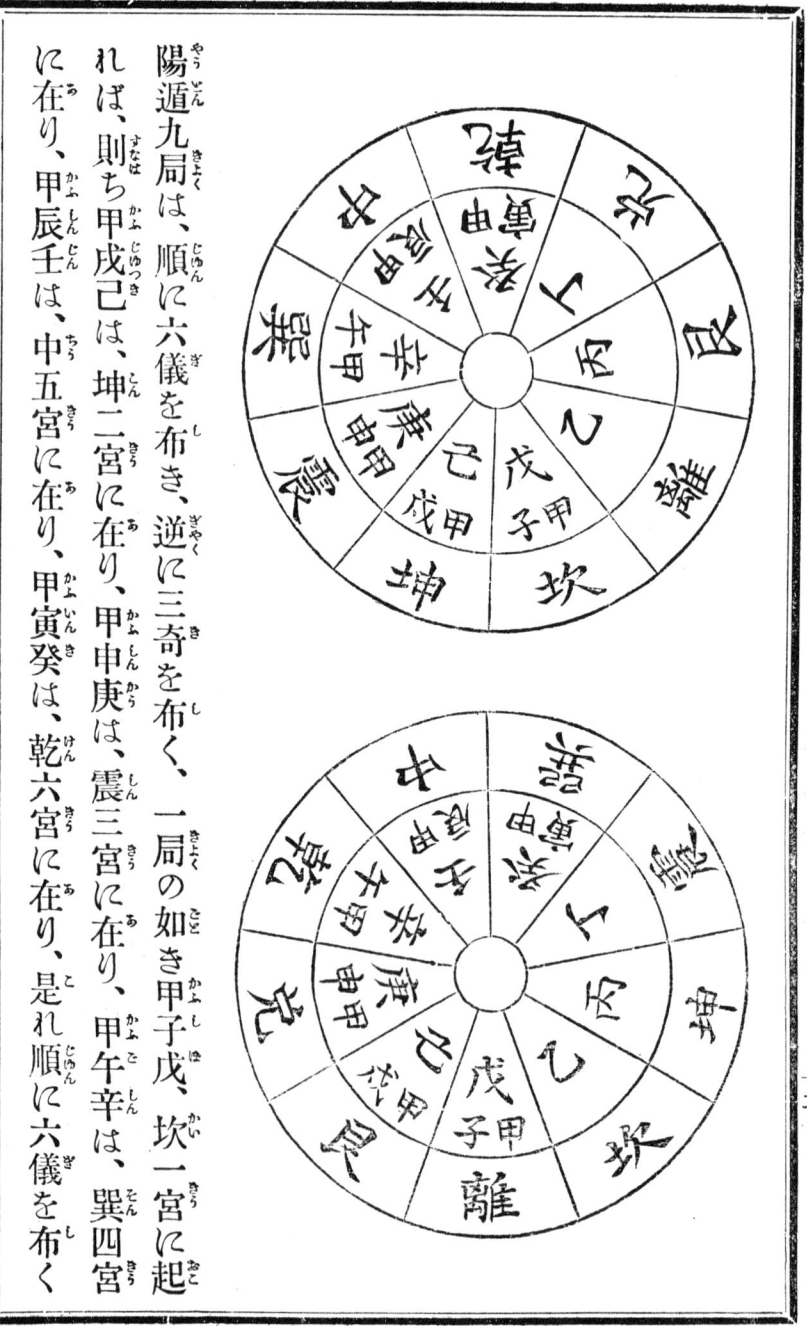

陽遁九局は、順に六儀を布き、逆に三奇を布く、一局の如き甲子戊、坎一宮に起れば、則ち甲戌己は、坤二宮に在り、甲申庚は、震三宮に在り、甲午辛は、巽四宮に在り、甲辰壬は、中五宮に在り、甲寅癸は、乾六宮に在り、是れ順に六儀を布く

なり、丁は、兌七宮に在り、丙は、艮八宮に在り、乙は、離九宮に在り、是れ逆に三奇を布くなり、他局之に倣ふ。

陰遁九局は、逆に六儀を布き、順に三奇を布く、一局の如き、甲子戊、離九宮に起れば、則ち甲戌己、艮八宮に在り、甲申庚、兌七宮に在り、甲午辛、乾六宮に在り、甲辰壬、中五宮に在り、甲寅癸、巽四宮に在り、是れ逆に六儀を布くなり、丁は、震三宮に在り、丙は、坤二宮に在り、乙は、坎一宮に在り、是れ順に三奇を布くなり、他局之に倣ふ

八星の定位

天蓬は、坎休門、天任は、艮生門、天衝は、震傷門、天輔は、巽杜門、天英は、離景門、天芮は、坤死門、天柱は、兌驚門、天心は、乾開門なり。

八門の吉凶

開門は、征伐、入官、貴人を見、遠行、嫁娶、移轉、商業、營造等に宜し、政事を施すに宜しからず。

休門は、官に上り、貴人に謁し、赴任、嫁娶、移轉、商業、營造等に宜し、刑罰の事に宜しからず。

生門は、征伐、入官、貴人を見、嫁娶、移轉等に宜し、埋葬及び喪事を治るに宜しからず。

傷門は、漁獵、或は罪人を捕へ、債を求め、貨財を收斂するに宜し、他は皆宜しからす。

杜門は、盜賊を捕へ、訟獄を決し、溝壑を埋む等に宜し、他は皆宜しからず。

景門は、上書、建白、賢者を招き、貴人に謁し、職を拜し、使ひを遣り、陣を突き、圍みを破るに宜し、他は皆宜しからず。

死門は、訟獄を聽斷し、喪を吊ひ、埋葬等の事に宜し。

驚門は、賊を捕ふる等の事に宜し。

三奇の喜怒

乙奇は、日奇なり、震に至るを玉兎遊宮と爲し、巽に至るを玉兎乘風と爲し、離に至るを玉兎當陽と爲し、坤に至るを玉兎暗風と爲し、又入墓と名つく、兌に至れば、制を受け、乾に至れば、傷を受く、坎に至るを玉兎飲泉と爲し、艮に至るを玉兎靑雲に歩すと爲す。

丙奇は、月奇なり、震に至るを、月、雷門に入ると爲し、巽に至るを、火行き風起ると爲し、離に至るを、帝旺の鄕と爲し、坤に至るを、子、母腹に居ると爲し、兌に至るを、鳳凰折翅と爲し、乾に至るを、光明不全と爲し、艮に至るを、鳳、丹山に入ると爲し、坎に至るを、火、水池に入ると爲す。

丁奇は、星奇なり、三奇の中、星奇最も靈なり、震に至れば、獨り明かなり、巽に至るを、玉女、留郎と名づく、離に至れば、旺するに乘して、火炎す、坤に至るを、玉女、地戸に遊ぶと爲し、兌に至るを、火、金旺の鄕に死すと爲し、乾に至るを、火、天門に上ると爲し、艮に至るを、玉女、鬼戸に遊ぶと爲し、坎に至るを、朱雀投江と爲す。

奇門吉凶格

天遁　生門に丙奇と、地盤の戊に臨むと、開門、丙の奇に會するなり

地遁　開門と乙奇と、地盤己に臨むなり。

人遁　休門と丁奇と、太陰に會するなり。

神遁　生門と丙奇と、九天に會するなり。

鬼遁　生門と丁奇と、艮に臨み、又九地、六合に會するなり。

風遁　休門、巽に臨み、乙奇に會するなり。

雲遁　休門、生門と、乙奇と、辛に會するなり。
龍遁　休門と、乙奇と、辛に會するなり。
虎遁　休門と、乙奇と、坎又辛に會するなり。
龍回首　甲直符にして、地盤の丙奇加はるなり。
鳥跌穴　丙奇を、地盤甲直符に加ふるなり。
三奇得使　乙奇に、甲戌己加はり、丙奇に、甲午辛加はり、丁奇に、甲辰壬加はるなり。
玉女守門　庚午、己卯、戊子、丁酉、丙午、乙卯に、三奇六儀の上に遊ぶを謂ふ。
以上は皆吉格なり。
龍逃走　乙奇、辰に會ふなり。
蛇夭矯　丁奇、癸に會なり。
熒入白　丙奇、庚に會ふなり。

歳格　庚、歳干に會するを謂ふ、又月日時の干にも、庚の會するを、月格、日格、時格と曰ふ。

大格　庚、六つの癸に會ふなり。

上格　庚、六つの壬に會ふなり。

形格　庚、六つの己に會ふなり。

奇格　六つの庚、三奇に會するなり。

符勃　丙奇、天盤の乙に加はるなり。

飛勃　天盤、乙丙奇に加はるなり。

天乙伏官　庚、直符に臨むなり。

天乙飛宮　直符、庚に加はるなり。

時墓　戊戌、壬辰、丙戌、癸未、丁丑なり。

奇墓　乙奇を坤乾に加へ、丙奇を乾に加ふるなり。

六儀擊刑　甲子午直符、坤離、甲申辰直符、艮巽、甲寅戌直符、坤巽に至るを謂ふ。

五不遇　時の干より、日の干を剋す。

伏吟　星、動かず、門も亦動かざるなり。

反吟　星、反對し、門も亦反對するなり。

直符相衝　天盤甲子に、地盤甲午を加ふるを謂ふ。

官迫　開門、坤巽に至り、休門、離に至り、生門、坎に至り、傷門、艮に至り、景門、乾兌に至り、死門、坎に至り、驚門、震巽に至り、杜門、坤艮に至るの類なり。

孤虚　空亡を孤とし、對衝を虚とす、甲子旬の如きは、孤は戌亥なり、虚は辰巳なり、他皆之に倣ふ。

以上は皆凶格なり。

月例

甲己の年は、正月丙に作り、乙庚の年は、正月戊に起り、丙辛の年は、正月庚に起り、丁壬の年は正月壬に起り、戊癸の年は、正月甲に起る。

納甲墓

乾は甲壬を納れ、坤は乙癸を納れ、坎離は戊己を納れ、震巽は庚辛を納れ、艮兌は丙丁を納る、甲は乾に墓し、戊は坎に墓するの類、餘は之に倣ふ。

旬空

甲子旬中は、戌亥を空亡とす、甲戌旬中は、申酉を空亡とす、甲申旬中は、午未を空亡とす、甲午旬中は、辰巳を空亡とす、甲辰旬中は、寅卯を空亡とす、甲寅旬中は子丑を空亡とす。

日祿

甲祿は寅に在り、乙祿は卯に在り、丙戊の祿は巳に在り、丁己の祿は午に在り、庚祿は申に在り、辛祿は酉に在り、壬祿は亥に在り、癸祿は子に在り。

貴人方

甲戊庚の日　丑は陽貴　未は陰貴
乙の日　申は陽貴　子は陰貴
己の日　子は陽貴　申は陰貴
丙の日　酉は陽貴　亥は陰貴
壬の日　卯は陽貴　巳は陰貴
癸の日　巳は陽貴　卯は陰貴
辛の日　寅は陽貴　午は陰貴

十干の尅應

六甲は、六戊に同じ、天盤の戊、地盤の戊に加はる、之を伏吟と謂ふ、凡そ事閉塞す、靜守するに宜し。

戊の乙に加はるを、靑龍合靈門と爲し、門、吉なれば、事吉、門、凶なれば、事凶。

丙に加はるを、靑龍返首と爲し、動作大利あり、若し迫墓擊刑に遇へば、吉事も凶と爲る。

丁に加はるを、靑龍耀明と爲す、貴人に謁し、名を求るに吉、若し墓迫に値へば、是を招き、非を招く。

己に加はるを、貴人入獄と爲し、公私の事、皆利あらず。

庚に加はるを、値符飛宮と爲す、吉事は吉ならず、凶事は更に凶。

辛に加はるを、靑龍折足と爲す、吉門なれば、助けを得て、尙爲すべし、若し凶門に遇へば、財を失ひ、足疾あることを主る。

壬に加はるを、龍入天牢と爲す、凡そ陰陽皆利あらず。

癸に加はるを、青龍華蓋と爲し、吉格は吉にして、福を招き、門、凶なれば、乖くこと多し。

乙の戊に加はるを、利陰害陽と爲し、門、凶迫に逢へば、財を破り、人を破る。

乙に加はるを、日奇伏吟と爲し、貴人に謁し、名を求るに宜しからず、只分に安んじ、身を守るに宜し。

丙に加はるを、奇儀順遂と爲し、吉星あれば官に遷り、職を進む、凶星なれば夫妻別離す。

丁に加はるを、奇儀相佐と爲し、文書の事に吉、百事爲すべし。

己に加はるを、日奇入霧と爲し、門、凶なれば、必ず凶、但二吉門を得れば、地遁と爲る。

庚に加はるを、日奇被刑と爲し、財産を爭訟し、夫妻私を懷く。

辛に加はるを、青龍逃走と爲し、奴僕拐帶し、六畜皆傷る。

壬に加はるを、日奇入地と爲し、尊卑亂れ、是非を官に訟ふ。

癸に加はるを、華蓋蓬星官と爲し、跡を遁れ道を修め、形を隱し、難を避くるに宜し。

六丙の六戊に加はるを、飛鳥跌穴と爲し、百事を謀りて成るべし。

乙に加はるを、日月並行と爲し、公私の謀爲皆吉なり。

丙に加はるを、月奇孛師と爲し、文書逼迫し、破耗遺失す。

丁に加はるを、星奇朱雀と爲し、貴人は、文書の事に吉、常人は、平靜なり、但三吉門を得れば、天遁と爲す。

己に加はるを、太孛入刑と爲し、囚人は、刑杖せられ、文書行はれず、吉門を得れば吉を得、凶門は更に凶なり。

庚に加はるを、熒入太白と爲し、門戸破敗し、盜賊に遇ふの患ひあり。

辛に加はるを、謀事成就と爲し、病人は凶ならす。

壬に加はるを、火入天羅と爲し、客と爲りて利あらず、是非頗る多し。

癸に加はるを、華蓋孛師と爲し、陰人事を害し、災禍頻りに至る。

六丁の戊に加はるを、靑龍轉光と爲し、官人は升遷し、常人は昌盛なり。

乙に加はるを、人遁吉格と爲し、貴人は、官を加へ、爵を進め、常人は、婚姻、又財を得べし。

丙に加はるを、星隨月轉と爲し、貴人は、級を越へて高く登り、常人は、樂みの中に悲みを生す。

丁に加はるを、奇入太陰と爲し、文書即ち至り、喜事心に叶ふべし。

己に加はるを、火入勾陳と爲し、禍を得ることあり、事、婦人に由る。

庚に加はるを、年月日時格と爲し、文書阻隔し、行人は必ず隱る。

辛に加はるを、朱雀入獄と爲し、罪人は、囚を釋され、官人は、位を失ふ。

壬に加はるを、五神互合と爲し、貴人は、恩詔を拜し、訟獄は、公平なり。

癸に加はるを、朱雀投江と爲し、文書口舌倶に消し、音信は沈滯す。

六己の六戊に加はるを、犬遇靑龍と爲し、門、吉なれば、諸事志を遂ぐべし、門、凶なれば心を勞すべし。

乙に加はるを、墓神不明地戸蓬星と爲し、跡を遁れ、形を藏すに宜し。

丙に加はるを、火孛地戸と爲し、陽人は相害し、陰人は必ず淫汚を致すべし。

丁に加はるを、朱雀入墓と爲し、訟事は、先きに曲り、後に直し。

己に加はるを、地戸蓬鬼と爲し、病者は必ず死し、百事遂げず。

庚に加はるを、利格返名と爲し、詞訟、先づ動く者は利あらず、陰星を得れば害を謀るの情あり。

辛に加はるを、游魂入墓と爲し、大人は鬼魅の祟りを得、小人は祖先の祟りを得。

壬に加はるを、地綱高張と爲し、狡童佚女、姦を爲し、殺傷す。

癸に加はるを、地刑玄武と爲し、男女疾を得て危きことあり、訴訟は、囚獄の災あり。

庚の戊に加はるを、太白天乙伏官と爲し、百事爲す可らず、大凶。

己に加はるを、太白蓬星と爲し、退くに吉、進むに凶。

丙に加はるを、太白入熒と爲し、賊を占へば、必ず來り、客と爲れば、進むに利あり、主と爲れば、財を破る。

丁に加はるを、丁丁之格と爲し、私暱に因りて、官司を起す、門、吉なれば、助けあり。

己に加はるを、名爲刑格と爲し、官司、重刑を被ることあり。

庚に加はるを、太白同宮と爲し、官災横禍あり、兄弟相攻む。

辛に加はるを、白虎干格と爲し、遠行すれば、車傷れ、馬死す。

壬に加はれば、遠行して、道を失ひ、迷ふべし、男女、音信を絶す。

癸に加はるを、大格と爲す、行人は、官司に至りて止められ、出産は、母子倶に傷る、大凶。

辛の戊に加はるを、困龍被傷と爲し、官司は、破敗す、屈抑して、分を守るべし、妄りに動けば、禍あり。

乙に加はるを、白虎猖狂と爲し、人亡し、家敗る、遠行すれば、禍多し、尊長喜ばず、車船倶に傷る。

丙に加はるを、干合孛師熒惑出現と爲し、雨を占へば無く、晴を占へば、旱し、事を占へば、必ず財に因て訟へを致す。

丁に加はるを、獄神得奇と爲し、商業は倍の利を得、囚人は赦宥に逢ふ。

己に加はるを、入獄自刑と爲し、奴僕は主に背き、訴訟は伸びがたし。

庚に加はるを白虎出力と爲し、刀刃相接はり、主客相殘ふ、遜讓退歩すれば、稍可なり、強進すれば、血は衣袖に濺ぐ。

辛に加はるを、伏吟天庭と爲し、公事は廢し、私事は成る、訟獄は自ら罪に罹る。

壬に加はるを、凶蛇入獄と爲し、兩男、女を爭ひ、訟狀息まず、先づ動けば、理を失ふ。

癸に加はるを、天牢華蓋と爲し、日月明を失ひ、誤りて天綱に入り、動止乖張す。

甲申壬の甲子戊に加はるを、小蛇化龍と爲し、男子は發達し、女子は子を產む。

日奇、六乙に加はるを、格名小蛇と爲し、女子は壽順にして、男子は嗟呀す、生るゝ子は好運なり。

月奇、六丙に加はるを、水蛇入火と爲し、官災刑禁、常に絕えず。

星奇、六丁に加はるを、干合蛇刑と爲し、文書より事を生じ、繁忙あるべし、女は吉、男は凶。

甲戌己に加はるを、凶蛇入獄と爲し、大禍將に至らんとす、訴訟は凶。

甲申庚に加はるを、太白擒蛇と爲し、刑獄公平にして、立ちどころに正邪を判す。

甲子、六辛に加はるを、騰蛇相纏と爲し、縱ひ吉門を得るも、亦安きこと能はす、若し謀望あれば、人の爲に欺かる。

甲辰、六壬に加はるを、蛇入地羅と爲し、外人煩はしく纏ひ、內事意の如くならず、吉門吉星あれば、少く困難を免るべし。

甲寅、六癸に加はるを、幼女姦淫と爲し、家に醜聲あり、門吉に星凶なれば、禍を反して、福隆んなり。

甲寅癸の甲子六戊に加はるを、天乙會合と爲し、吉格なれば、財を得て喜びあり、婚姻は、吉人の賛助して成るあり、若し門凶なれば、反て禍あり。

日奇、六乙に加はるを、華蓋蓬星と爲し、貴人は祿位を得、常人は平安なり。

月奇、六丙に加はるを、華蓋孛師と爲し、貴賤皆喜びあり。

星奇丁に加はるを、騰蛇夭嬌と爲し、火災の患ひあり。

甲戊、六己に加はるを、華蓋地戸と爲し、男女之を得れば、音信皆阻つ、災を避くるを吉と爲す。

甲申庚に加はるを、太白入網と爲し、暴を以て爭訟し、平を得べし。

甲午辛に加はるを、網蓋天牢と爲し、訴訟疾病に之を得れば、大凶。

甲辰壬に加はるを、復見騰蛇と爲し、嫁娶は、重婚後嫁、子なくして、年壽を保たず。

甲寅六癸に加はるを、天網四張と爲し、行人は伴侶を失ひ、疾病は皆重し。

奇門應用の訣

奇門の法たる、玄妙にして知り難く、天の高くして窮むべからざるが如し、然れども天地間の事々物々、悉く其中に在り、吉には趨くべく、凶は宜く之を避け、以て造化を挽回すべし、隨ひて問へば、隨ひて答へ、思索を假らず、天に順ひて、雜ふるに人意を以てせざれば、吉凶の驗、響の聲に應ずるが如く、靈ならざる所なし、切に私心を以て玄奇を捜索し、僞妄に渉ることなきを要す、奇門の要たる、機に觸るれば即ち發し、物來れば、順ひて應ず、凡そ遇ふ所ある、恍惚の內、或は當下の正時を用ひ、或は便に隨ひ、一時を撮影し、局を布きて推占すれば、吉凶悔吝、驗あらざることなし、唯心を靜にして、理會するを要す。

例へば、十干の如き、之を人にすれば、甲乙は木に屬し、體長くして、色青く、丙丁は火に屬し、體、方正にして、色黃なり、庚辛は金に屬し、體圓くして、色白し、壬癸は水に屬し、體紋多く彎曲して、色蒼黑なり、之を他物に見るも、亦此意なり。

又九星を以て見るときは、天蓬は水星にして、其色は白く、天芮は土星にして、其色は黑く、天衝は木星にして、其色は碧、天輔も木星にして、其色は綠り、天禽は土星にして、其色は黄、天柱は金星にして、其色は赤く、天心も金星にして、其色は白く、天任は土星にして、其色は白く、又黄を兼ね、天英は火星にして、其色は紫に、又赤を兼ね、而して物の方圓曲直、亦奇門の法を以て之を推し、其物の多少新舊、全鈌生死等、皆生尅衰旺を以て之を推すなり。

又八將を以て見るときは、直符は青龍にして、貴神と爲し、尊貴の物、及び銀錢財帛を主り、騰蛇は、醜陋怪異空虛花假の物を主り、大陰は、雕琢刻鏤及び文書字跡、或は羽毛飛動の物を主り、六合は、布帛果實、二體交連の物を主り、白虎は、燥烈損傷の物、或は鐵石の類を主る、眞體必ず破壞することあり、兼て鋒鋩あり、玄武は、水中の魚蛇卵蛋、或は字跡、屈曲多紋の物を主り、九天は、活動して聲あり足あり、光亮玲瓏たる物を主る。

又時干を以て、尅應を推占するときは、甲乙は、木に屬するを以て、其物花青直瘦、或は絲麻布帛花果の類とし、丙丁は、火に屬するを以て、其物華彩偏斜、尖角文字、飛動する羽毛の類とし、戊己は、土に屬するを以て、其物盤旋し、口ありて、方厚、磁器磚瓦の類とし、庚辛は金に屬するを以て、其物堅實潔淨にして聲あるの物とし、陽宮に在れば、是れ鐵石、陰宮に在れば、是れ金銀とし、壬癸は水に屬するを以て、其物紋彎多く、鱗甲珍珠水族の物とし、或は其形狀、皆兩體にして、一物を合成するものとす。

又八門を以て、尅應を推占するときは、休門は、水に屬するを以て、其物坑陷缺陷ありて、外より包裹するものとす、生門は、土に屬するを以て、新たに成す所のもの、其身高大にして、山の峰巒あるが如し、傷門は木に屬するを以て、其物能く震動し、響音あるものとす、杜門は、木に屬するを以て、其物閉塞して通ぜず、尚未だ成就せざるものとす、景門は、火に屬するを以て、其物華彩光芒あり、皎潔にして愛すべし、死門は、土に屬するを以て、其物死して活きず、且廢缺して全からず、驚門は、金に屬するを以て、其物傷損し、口を缺き、斜にして正しからず、開門は、金に屬するを以て、其物圓轉通利、剛健にして能く動き、貴人の家に存するものなり。

又陽將陰將を以て、尅應を推占すれば、諸物の形體、各分屬する所あり、六合を上衣下裳と爲し、相和合して、成るものとす、靑龍は即ち直符にして、絲麻布帛の物とし、白虎を金石の物とし、九天を金鐵の物とし、玄武螣蛇相合ふときは、其物能く轉移變動するものとし、白虎九天合ふときは、利器刀鎗と爲し、直符は、首上の物とし、玄武は、下體の物とし、大陰六合は、兩體相合ふて文彩ある物とし、九天は、飛揚して聲ある物とし、白虎は、傷殘の物とし、螣蛇は、斜なる怪異の物とし、玄武は、穢汚不潔の物とす。

又人の本命を推すに、本人生時奇門の局を以て主と爲し、然る後局中に於て、本人の生年干支の局を尋ね、即ち其人の本命と爲し、其本命の局を取りて、以て其一生の窮通壽夭、吉凶禍福、妻財子孫を推し、倶に知るべきなり。

又本命を知らずして、正時を以て、其命運を推占するときは、天上直符宮の星儀門將を本身と爲し、直符下地盤の星儀門將を住宅と爲し、子孫と爲し、直使の門を立業と爲し、妻妾と爲し、官職と爲し、直使下地盤の星儀八門を地頭と爲し、任所と爲し、子女と爲すなり。

又凡そ人の年命を推すは、局内の年干を以て主と爲し、正時を以て推占するときは、局内天上の時干を以て主と爲し、各宮を査看す、凡そ三奇六儀の我が干を生ずるものを父母とし、我が干生む所の三奇六儀を子息とし、我が干と相比肩する三奇六儀を兄弟と爲し、三奇六儀の我が干を尅するものを官と爲し、疾厄と爲し、我が干より尅する所の三奇六儀を妻妾と爲し、財祿と爲し、奴僕と爲し、皆三奇六儀の陰陽を以て、男女貴賤を分ち、八門の生尅休旺を以て、各屬の吉凶を定むるなり。

休門は、休養安和を主る、父母休に逢ふときは、父慈にして子孝、和氣靄然たり、兄弟休に逢ふときは、眞心に愛敬し、彼我を分つことなし、子孫休に逢へば、和合あることなく、各家園を守り、官祿休に逢ふときは、功名手に在り、職位安穩、疾病休に逢ふときは、遷延して愈へ難し、妻妾休に逢ふときは、幽間貞靜、和偕して助けを得、財帛休に逢ふときは、錢財進益して、滔々と絶えざるなり。

生門は、發生安間を主る、父母生に逢へば、財祿旺相し、安富尊榮なり、兄弟生に逢へば、和順愛敬ありて、情誼深切なり、子孫生に逢へば、家道興隆し、義高くして德厚し、官祿生に逢へば、官職高く昇り、榮華赫奕なり、疾厄生に逢へば、身體强壯にして、災なく、病なし、妻妾生に逢へば、和順にして貞潔なり、財帛生に逢へば、積聚富厚なり。

傷門は、振動傷殘を主る、父母傷に逢へば、一生和せずして、情なく、義なし、子孫傷に逢へば、後嗣美麗にして、振作英發し、官祿傷に逢へば、威權赫々たるも、亦掣肘せらるゝこと多し、疾病傷に逢へば、手足拘攣し、骨節疼痛す、妻妾傷に逢へば、才徳倶に全く、家を治むるに力あり、財帛傷に逢へば、遠きに謀りて奔走し、辛勤して家を成すなり。

杜門は、閉息無爲を主る、父母杜に逢へば、一生蹇滞し、固く家園を守り、兄弟杜に逢へば、彼此睽違し、情、陌路に同じ、子孫杜に逢へば、生じ難くして、育すること少し、官祿杜に逢へば、仕途閉塞し、職位を得難し、疾厄杜に逢へば、疾少く、災少し、宿疾は防ぐに宜し、妻妾杜に逢へば、心性閉澁し、常に調和しがたし、財帛杜に逢へば、少年にして貧困し、晩年方に裕かなり。

景門は、張大虚誇の事を主り、事實に濟ることなし、父母景に逢へば、浮躁虚假、狂風疾雨の如し、兄弟景に逢へば、情なくして義少し、子孫景に逢へば、生産に難し、他人の子を養ふ、官祿景に逢へば、少年にして早發し、忽ち昇り忽ち下る、疾病景に逢へば、風火の暴症にして、作り易く、止み易し、妻妾景に逢へば、聰明にして知恵あり、心性乖き違ふ、財帛景に逢へば、無を以て有と爲し、虚張して實少きなり。

死門は、死亡敗絶を主る、凡そ百事成ることなし、父母死に逢へば、病みて床を離れず、死亡相繼ぐ、兄弟死に逢へば、情なく、義少く、刑尅傷亡す、子孫死に逢へば、刑傷忤逆し、有りと雖も無きが如し、官祿死に逢へば、功名遂げず、身は南畝に終ふ、疾病死に逢へば、病ありて治しがたく、終に命を隕すに至る、妻妾死に逢へば、必ず死亡あり、繼室方に安し、財帛死に逢へば、虚耗傷散し、聚散常ならざるなり。

驚門は、驚惶不安を主る、父母驚に逢へば、生平怨み多く、父子和せず、兄弟驚に逢へば、乖戻して欺妬し、子孫驚に逢へば、才を恃みて矜誇し、刻薄にして情少、し、官祿驚に逢へば、地位險惡にして、散職閒員たり、疾厄驚に逢へば、卒暴驚險、危篤にして恐惶す、妻妾驚に逢へば、詭詐口舌ありて、夫婦和せず、財帛驚に逢へば、寡少にして聚め難く、出入相償はざるなり。

開門は、豁達開暢を主る、父母開に逢へば、性眞切ならず、浮薄して相待ち、兄弟開に逢へば、意相聯らず、親しきに似て親しからず、子孫開に逢へば、聰明俊秀にして、貴顯を得べく、官祿開に逢へば、功名顯達して、職位高く遷り、疾厄開に逢へば、一生疾少く、强健にして安和し、妻妾開に逢へば、正直にして果決し、內助力あり、財帛開に驚へば、貲財聚りがたく、聚るも亦散り易し。

以上は、遁甲の大體を略述し、以て初心の人に便す、以下序を逐ひて、之を詳述すべし。

陰陽二遁上中下圖

陽遁甲子起例
冬至坎上起甲子　一宮
立春艮上起甲子　八宮
春分震上起甲子　三宮
立夏巽上起甲子　四宮

陰遁甲子起例
夏至離上起甲子　九宮
立秋坤上起甲子　二宮
秋分兌上起甲子　七宮
立冬乾上起甲子　六宮

三元甲子上中下局圖

〔上局〕　甲子　乙丑　丙寅　丁卯　戊辰
〔中局〕　己巳　庚午　辛未　壬申　癸酉
〔下局〕　甲戌　乙亥　丙子　丁丑　戊寅
〔上局〕　己卯　庚辰　辛巳　壬午　癸未
〔中局〕　甲申　乙酉　丙戌　丁亥　戊子
〔下局〕　己丑　庚寅　辛卯　壬辰　癸巳
〔上局〕　甲午　乙未　丙申　丁酉　戊戌
〔中局〕　己亥　庚子　辛丑　壬寅　癸卯
〔下局〕　甲辰　乙巳　丙午　丁未　戊申
〔上局〕　己酉　庚戌　辛亥　壬子　癸丑

〔中局〕　甲寅　乙卯　丙辰　丁巳　戊午
〔下局〕　己未　庚申　辛酉　壬戌　癸亥

例へば、冬至節後乙丑の日を用ふるが如き、上局冬至一七四に係る、便ち是れ陽遁一局、庚午の日を用ふるが如きは、中局に係る、便ち是れ陽遁七局、乙亥の日を用ふるが如きは、下局に係る、便ち是れ陽遁四局、毎々此くの如し、小寒二五八の如きは、陽遁二局、陽遁五局、陽遁八局に係る、餘は此れに倣ふ。

八卦九宮五行所屬圖

〔乾〕	六白	天心	開門	金	武曲	西北
〔兌〕	七赤	天柱	驚門	金	破軍	正西
〔艮〕	八白	天任	生門	土	左輔	東北
〔離〕	九紫	天英	景門	火	右弼	正南

〔坎(かん)〕	一白(ぱく)	天蓬(てんはう)	休門(きうもん)	水(すゐ)	貪狼(どんらう)	正北(しやうほく)
〔坤(こん)〕	二黒(こく)	天芮(てんせい)	死門(しもん)	土(ど)	巨門(きよもん)	西南(さいなん)
〔震(しん)〕	三碧(べき)	天衝(てんしやう)	傷門(しやうもん)	木(もく)	祿存(ろくそん)	正東(しやうとう)
〔巽(そん)〕	四緑(ろく)	天輔(てんは)	杜門(ともん)	木(もく)	文曲(ぶんきよく)	東南(とうなん)
〔中央(ちうあう)〕	五黄(わう)	天禽(てんきん)	死門(しもん)	土(ど)	廉貞(れんてい)	中宮(ちうきう)

左の十八圖は、板又は厚紙にて之を作り、四層共に各輪轉活動せしむべし。

陽順陰逆九局圖

陽遁一局圖　冬至上　清明中
驚蟄上　立夏中

陽遁二局圖　小寒上　穀雨中
立春下　小滿中

陽遁三局圖

大寒上　春分上

雨水下　芒種中

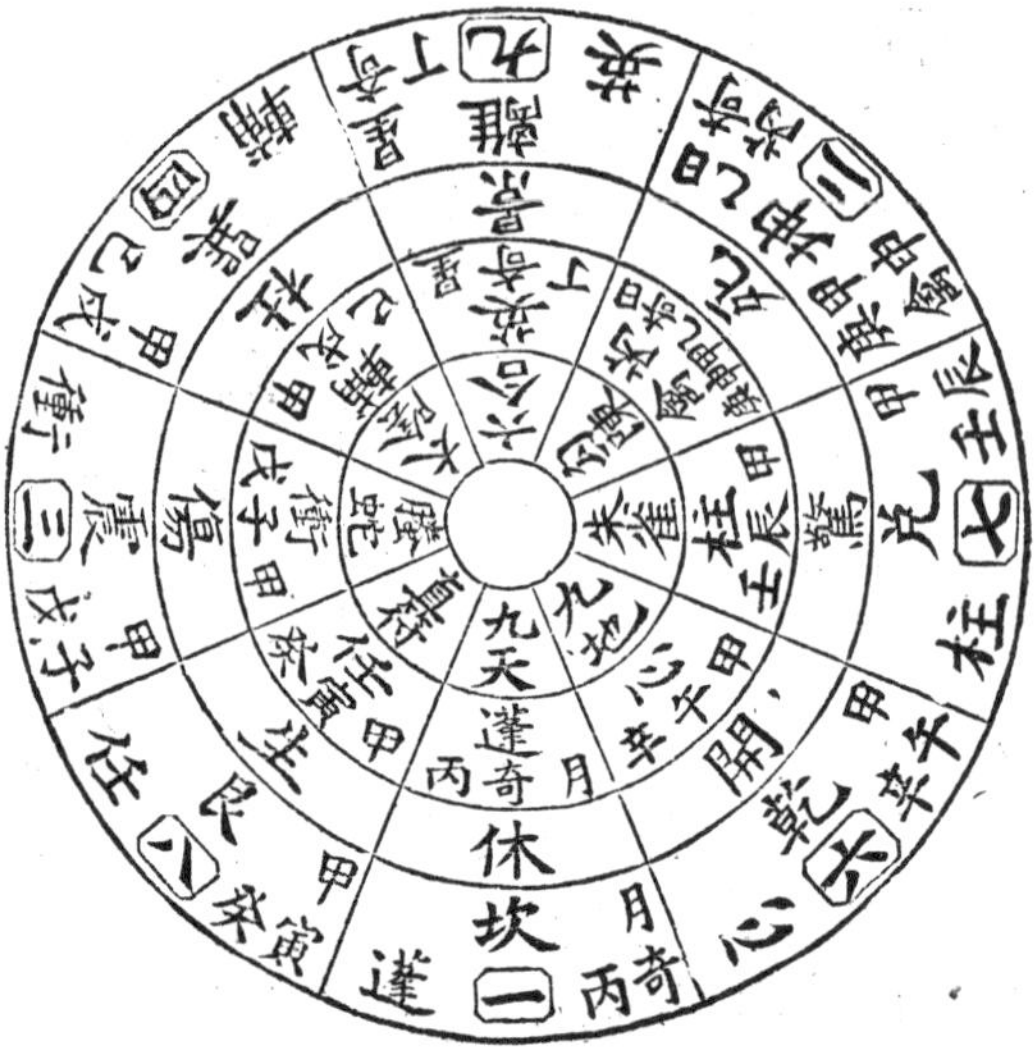

陽遁四局圖

冬至下　清明上

驚蟄下　立夏上

陽遁五局圖

小寒下　穀雨上
立春中　小滿上

陽遁六局圖

大寒下　春分下
雨水中　芒種下

陽遁七局圖

冬至中　清明下

驚蟄中　立夏下

陽遁八局圖

小寒中　穀雨下

立春上　小滿下

陽遁九局圖

大寒中　春分中

雨水上　芒種下

陰遁九局圖

夏至上　寒露中

白露上　立冬中

陰遁八局圖

小暑上　霜降中

立秋下　小雪中

陰遁七局圖

大暑上　秋分上

處暑下　大雪中

陰遁六局圖

夏至下　寒露上

白露下　立冬上

陰遁五局圖

小暑下　霜降上

立秋中　小雪上

陰遁四局圖

大暑下　秋分下

處暑中　大暑上

陰遁三局圖

夏至中　寒露下

白露中　立冬下

陰遁二局圖　小暑中　立秋上　霜降下　小雪下

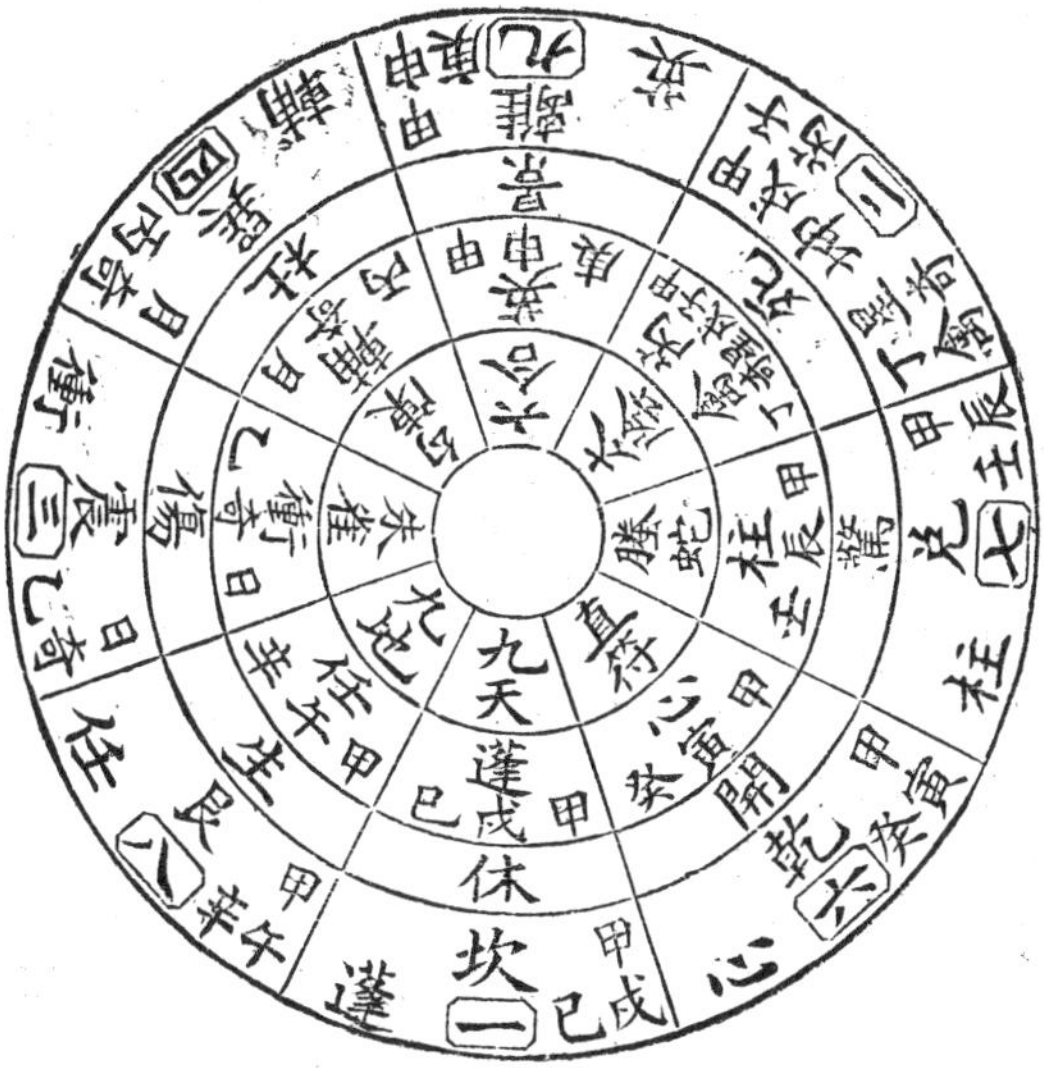

陰遁一局圖　大暑中　處暑上　秋分中　大雪下

奇門を起すの例

奇門を起さんとするには、先づ其月日に従ひ、陰遁と陽遁とを分つ、冬至後は陽遁、夏至後は陰遁なり、次に二十四氣、何れの節に當るやを詳にし、次に其日其時の符頭を察するなり、符頭とは、甲子より戊辰に至るまでは、甲子を符頭とし、己巳より癸酉に至るまでは、己巳を符頭と爲すが如し、甲戌以下も之に倣ふ、是に於て、陰陽順逆に從ひ、六儀三奇を分ち布きて、地盤を得、然る後、符頭を以て其用ふる時の干上に加へ、前の如く、六儀三奇を分ち布き、其符頭何の宮に在ることを察し、即ち某の星を以て直符と爲し、又符頭の宮より數を起し、用ふる時に至りて止み、即ち休門を以て此宮に加へ、直使と爲して、天盤を得るなり、其例左の如し。

例へば、芒種後癸亥の日、丙辰の時の如き、芒種は、夏至前冬至後に在れば、陽遁と爲す、癸亥は芒種下に係れば、陽遁九局に在り、順に六儀を布けば、甲子戊は離宮に在り、甲戌己は坎宮に在り、甲申庚は坤宮に在り、甲午辛は震宮に在り、甲辰壬は巽宮に在り、甲寅癸は中宮に在り、逆に三奇を布けば、乙奇は艮に在り、丙奇は兌に在り、丁奇は乾に在り、是れを地盤と爲す、而して丙辰の符頭は甲寅なれば、中宮の癸を以て兌宮丙の上に加へて、直符と爲し、次に依りて順布し、又天禽を以て兌に加へ、心柱を順布すること、亦上の法の如く、又中宮甲寅より、順に數へて丙辰に至るも、亦兌宮に在り、即ち坤宮死門を假りて、兌宮に加へ、直使と爲す、是れを天盤と爲すなり。

又霜降後甲寅の日、辛未の時の如きは、陰遁八局と爲し、逆に六儀を布く、戊は艮に在り、己は兌に在り、庚は乾に在り、辛は中に在り、壬は巽に在り、癸は震に在り、順に三奇を布けば、乙は離に在り、丙は坎に在り、丁は坤に在り、是れを地盤と爲す、辛未の符頭は甲子なり、故に艮宮戊を以て中宮辛に加へ、直符と爲し、次に依りて逆に布き、又天任を以て中に加へ、逆に英蓬を布き、又艮宮甲子より、逆數して、辛未に至るも坎に在り、即ち艮宮生門を以て坎に加へ、直使と爲す、是れを天盤と爲すなり。

陽遁九局を輪轉せし圖

陰遁八局を輪轉せし圖

是に於て、八門三奇、九星直符等の生尅其他を觀、下文占斷の例に依りて、其占ふ所の吉凶得失を判定するなり。

以上は、時を以て主と爲すものなれども、日家に在りては、日を以て占ふことあり、其法左の如し。

甲戊壬子は坎に起り　丁辛乙卯は坤休
庚甲戊午は震に求め　巽は癸丁辛酉に至る
庚丙鼠は乾上に行き　己癸兎は酉疇に走る
壬丙馬に跨る艮山頭　乙己雞は離宮に飛ぶ

例へば、一卦三日を管し、甲子乙丑丙寅三日は、坎宮に於て休門を起し、丁卯戊辰己巳の三日は、坤宮に於て休門を起し、九宮次序に依り三日にして一たび局を換へ、中五を去りて用ひず、休門既に定るを待ち、然る後、八卦に從ひて、方位を定るなり、其式左の如し。

甲子、乙丑、丙寅、戊子、己丑、庚寅、壬子、癸丑、甲寅。

休坎　死坤　傷震　杜巽　開乾　驚兌　生艮　景離

丁卯、戊辰、己巳、辛巳、壬辰、癸巳、乙卯、丙辰、丁巳。

休坤　死震　傷巽　杜乾　開兌　驚艮　生離　景坎

庚午、辛未、壬申、甲午、乙未、丙申、戊午、己未、庚申。

休震　死巽　傷乾　杜兌　開艮　驚離　生坎　景坤

癸酉、甲戌、乙亥、丁酉、戊戌、己亥、辛酉、壬戌、癸亥。

休巽　死乾　傷兌　杜艮　開離　驚坎　生坤　景震

丙子、丁丑、戊寅、庚子、辛丑、壬寅。

休乾　死兌　傷艮　杜離　開坎　驚坤　生震　景巽

己卯、庚辰、辛巳、癸卯、甲辰、乙巳。

休兌　死艮　傷離　杜坎　開坤　驚震　生巽　景乾

壬午、癸未、甲申、丙午、丁未、戊申。

休艮　死離　傷坎　杜坤　開震　驚巽　生乾　景兌

乙酉、丙戌、丁亥、己酉、庚戌、辛亥。

休離　死坎　傷坤　杜震　開巽　驚乾　生兌　景艮

八卦源流

奇門の一宮は、乃ち坤老陰の位なり、陰氣此に至りて極り、陽氣此に至りて生ず、卦、子に起るを陽と爲す、一陽來復の地、天一水を生ずるの宮。其卦を坎と爲し、其事を陷と爲す、事を占へば、半途に在るが如し、洛書の一數に合ふ、故に坎一なり。

二宮は、乃ち巽の陰氣下よりして生じ、陽極りて、陰漸く長ずるなり、卦、申に起る、萬物養ひを致すの時と爲し、炎涼相接するの位、其象至りて柔、其卦を坤と爲す、事を占へば、順なるに宜し、河圖の一數を取り、一倍を加へて、西南を補ひ、洛書の二數に合ふ、故に坤二と爲す。

三宮は、乃ち離にして、陽二の中に一陰を間す、陰陽乃ち相半するなり、卦、卯に起り、天地鼓動の時、萬物發明の會と爲す、震雷陰中、其卦を震と爲す、事を占へば、動くを謀るの功あり、天三東に居り、洛書の三數に合ふ、故に震三と爲す。

四宮は、乃ち兌の陽氣、盛んに內に長じ、陰氣退きて外に消す、卦、巳に起り、萬物潔齋、已に立つものは生榮し、未だ萠ぜざるものは長ぜず、其象を八と爲し、其卦を巽と爲す、事を占へば、先きに達し、後に塞る、河圖の天七を折し、四十五を除きて、東南を補ひ、洛書の四數に合ふ、故に巽四と爲す。

五宮は、中に位し、西南に寄生す、陰、東北に寄せ、陰陽休息の地、天地歸宿の方と爲す、事を占へは、理を伸ぶること能はず、故に中五と爲す。

六宮は、乃ち艮の陰氣盛に內に長じ、陽氣漸く外に退き、陰多くして陽少し、卦、亥に起る、天氣凛冽の時、萬物惕息の會と爲し、其象を戰と爲し其卦を乾と爲す、事を占へば、當に愼むべし、河圖北方の成數を取りて、西北を補ひ、洛書の六數に合ふ、故に乾六と爲す。

七宮は、乃ち坎二陰の間に一陽を容れ、陰陽相半ばす、卦、酉に起り、月入の門と爲す、萬物此に至りて鋭く、賞罰此に至りて斷ず、其象を澤と爲し、其卦を兌と爲す、事を占へば、口舌官詔、陰謀外に泄るゝことを主る、洛書の七數に合ふ、故に兌七と爲す。

八宮は、乃ち震の陽氣、下より生じ、陰極りて陽長ず、卦、寅に起り、地氣此に至りて盡き、人事此に至りて興る、萬物始めを成し終りを成すの會と爲す、其象を止と爲し、其卦を艮と爲す、事を占へば、進退其居るところを離れず、河圖東方の數を以て東北を補ひ、四を以て八に倍し、洛書の八數に合ふ、故に艮八と爲す。

九宮は、乃ち乾老陽の位、陽氣此に至りて極り、陰氣此に至りて生ず、卦、午に起る、地二火を生ずるの宮、萬物相見るの時と爲す、其卦を離と爲し、其義を麗と爲す、事を占へば、不正の義あり、天一地二の數を取り、三三にして九を得、洛書の九數に合ふ、故に離九と爲す。

八門直事

休門　坎は一氣始生の地、天干の壬癸、水位に旺して冬を成し、木、之に資りて以て生じ、火、之に逢ひて以て滅し、土、之に遇ひて、以て潤ひ、金之を用ひて以て寒し、方に於て、正北と爲す、一白星之を主る、陽氣昇り布き、萬物滋生す、兵を治め、軍を行り、家宅を修造し、事を謀り、望みを達し、遠方に赴き、貴人に謁する等、皆亨通すべし。

陽日此門を出づれば、陽貴に逢ふことを得、陰日此門を出づれば、陰貴紫碧の衣に逢ふことを得、旺すれば、則ち富貴の人を見る、休囚すれば、則ち貧賤の人を見る、然らざれば、或は交爭を見る、若し離宮に至れば、是れ上其下を尅す、之を大凶迫と謂ふなり。

死門　坤は六陰の氣を受け、厚載の德に配す、立秋漸く涼くして、萬物將に殞ちんとす、金、之に遇へば則ち生じ、水、之に遇へば則ち澄み、木、之に遇へば則ち藏れ、火、之に遇へば光りなし、地氣下降す、方に於て西南と爲す、二黑星之を主る。

陰氣太だ盛んなれば、只刑戮葬送に宜し、遠行すれば病を得、再び凶星に逢へば、必ず患人或は哭聲に逢ふべし、行きて坎宮に至れば、財に因りて爭ひを生ず、上より下を尅す、宮迫大凶と爲す、凡そ官訟に遇ふもの、大に此門を出づることを忌むなり。

傷門　震は雷霆發泄の處、春和大に布き、陽氣正に通ず、甲乙位を正し、盛茂森々たり、金、之に遇へば、則ち傷り、水、之に遇へば、則ち潤し、火、之に遇へば則ち培す、方に於て東と爲す、三碧星之を主る。師を出だし、仇を報じ、叛を討じ、又漁獵する等に宜し、此門を出で、火光を見、或は木を伐る人を見れば、則ち凶、盜賊に逢ふべし、坤に至れば、宮迫と爲す、艮も亦凶。

杜門　巽を薫風と爲す、春夏交接の時、六陽數絕へ、陰氣將に泄れんとす、金、逢へば則ち伐り、水、逢へば則ち墓、火、逢へば則ち炎、土、逢へば則ち庫、木、逢へば則ち林、萬物鼓舞す、方に於て東南と爲す、四綠星之を主る。杜は塞なり、誅戮を行ふに宜しからず、逃亡は追ひ難し、隱逃し、跡を匿すが如きは、神助あるが如し、此門を出で、坤艮に至れば、百事遂げざるべし。

中　黃庭と曰ひ、戊己の位と爲し、五星齊く輝き、載ち八方に接し、四季不正の氣を承續す、亦死門之を主る。

開門　乾德天象の體、陰氣已に盡き、百靈成就して閉塞するの時なり、木、之に逢へば則ち殘し、水、之に逢へば則ち淸く、火、之に逢へば則ち塞り、金、之に逢へば則ち剛、土、之に逢へば則ち潤す、方に於て西北と爲す、六白星之を主る。

遠行、征討、交迎、酒食に宜し、此門を出づれば、路に茶酒に逢ひ、或は貴人を見る、行きて震巽に至れば、口舌を主る。

驚門　兌は西なり、澤梁と爲し庚の體と爲す、嚴金一たび布けば、萬木焦黄す、金、之に逢へば則ち光り、木、之に逢へば則ち死し、水、之に逢へば則ち涸れ、火、之に逢へば則ち亡し、土、之に逢へば則ち培す、方に於て西と爲す、七赤星之を主る。

啓閉に宜し、敵を攻れば、彼れ敗れ、我れ勝つ、吉事は則ち危く、凶事は則ち貞、此門を出づれば、脚疾を患ひ、或は眇目の人に逢ひ、或は恐怖交爭を聞く、若し震巽に至れば、禍患立ちどころに至る、天行殺氣甚だ凶なり。

生門　艮は土山にして、陰陽回運生成の功あり、天道大に通ず、金、之に逢へば則ち朗、木、之に逢へば則ち萌し、水、之に逢へば則ち正しく、火、之に逢へば則ち温か、土、之に逢へば則ち晴、方に於て東北と爲す、八白星之を主る。
凡そ謀りごとは就ることを得、貴人に謁見すれば、親むことを得、侵伐に宜しからず、天刑を受くることを主る、此門下の水を取りて、樹に灌げば、死して復生す、若し此門を出づれば、巧藝の人、或は皂衣にして獨行する人、車馬に乘り、紫黄の衣を著る人に逢ふべし、坎に至れば、迎害と爲し、文書官刑の事あり。
景門　離は丙火に居る、丙丁の精にして、純陰交結し、火炎し、氣昇る、金、之に逢へば則ち鎔し、木、之に逢へば則ち化し、火、之に逢へば則ち興り、土、之に逢へば則ち燥き、水、之に逢へば則ち死す、方に於て正南と爲す、九紫星之を主る。

兵を選み、策を献じ、陳を突き、圍を破るに宜し、遠行するときは、中道にして夭亡することを主る、此門を出づれば、必ず赤鬚の人、喧噪して追呼するに遇ひ、或は酒食に遇ふことあり、若し乾兌の上に至れば、乖異の事あるを主る。

九宮直符直使

坎宮は、休門を直使と爲し、天蓬を直符と爲す、名は子禽、水を主り、盜賊を主る。

邊境を安んじ、城寨を築き、屯營を定め、塚墓を立つるに利し、春夏は吉、秋冬は凶、此日時、必ず黑雲ありて、軍前に至り、以て兵威を助く、赤雲は勝を主り、青白黃雲は倶に勝たず、日奇を得れば吉、月奇は常の若し、星奇は大吉、造營、移轉、婚姻は凶、遠方に赴き、商賈すれば、必ず侵害に遇ふべし。

坤宮は、死門を直使と爲し、天芮を直符と爲す、名は子成、火土を主る。

交りを結び、敎へを受け、又戰伐の事を行ふに宜し、此日時、黑雲は吉、白雲靑雲は利あらず、赤雲は賊あり、月奇之に乘ずれば、厄を脫すべし、星奇なれば、攻圍を解くべし。

震宮は、傷門を直使と爲し、天沖を直符と爲す、名は子曉、又雷祖と爲す。

軍を出だし、仇を報じ、圍みを破り、敵を攻むるに宜し、威力、八方を鎭むべし、嫁娶は吉ならず、財を敗ることを主る、上官は武職に利し、春秋は吉ならず、修造は利あらず、此日時、猛風激雷あれば、兵勝つことを得べし、日奇星奇は吉、月奇は、武事亨通すべし。

巽宮は、杜門を直使と爲し、天輔を直符と爲す、名は子卿。

道を守り、身を安んじ、禮を修め、敎へを設け、兵を揚げ、師を興すに利し、春夏婚姻移轉は吉、秋冬は利あらず、此日時、靑雲あれば吉、黑雲白雲は凶、三奇之に遇へば、凡そ謀りごと皆利あり。

五中宮は、陽遁には生門、陰遁には死門を借りて直使と爲し、生門には天任、死門には天芮を借りて直符と爲す、本宮は天禽、名は子公。

符を書し法を作し、祭祀、戰征、移徙、商賈、埋葬等に利し、文官は上任大吉、秋冬は吉、春夏は、凶、晴明の日、兵を用ふるに吉、三奇得使なれば、百謀尤も吉なり。

乾宮は、開門を直使と爲し、天心を直符と爲す、名は子襄。

符を書し、藥を合すに宜し、秋冬は吉、春夏は凶、奇を得れば大吉。

兌宮は、驚門を直使と爲し、天柱を直符と爲す、名は子章。

固く守るに利し、餘は利あらず、若し青雲あれば、軍を出して自ら亂る、赤雲黄雲あれば、奸細を妨ぐ、黄雲は驚恐あり、日奇は、隱匿して跡なし、星奇は吉、月奇は凶。

艮宮は、生門を直使と爲し、天任を直符と爲す、名は子申。

軍を行り、嫁娶し、官に上り、貴人に謁するに利し、修築に利しからず、春夏は吉、若し微雲あれば、八方皆吉、奇を得れば吉。

離宮は、景門を直使と爲し、天英を直符と爲す、名は子威。

遠行し、上書建白する等に利し、餘は利あらず、此日時、赤雲あれば、用ふべからず、日奇を得れば、雷聲之に應ず、月星二奇は吉ならず。

八星類神

直符は、中央の土を禀け、貴人の位と爲す、能く萬物を育ふ、之を人にすれば、性質淸高にして厚重、仙佛と爲し、尊貴と爲し、物に於ては、印綬、文章、金銀、首飾、絲麻布帛、珍寶、穀鼈、獬牛の類と爲し、變異は、則ち水木の精、鱗魚の怪と爲し、事に於ては、旺相すれば、則ち詔書、宴會、酒食と爲す、休囚すれば、則ち哭泣、愁悶と爲す、其色は黃白、其形は端方、其數は八なり。

騰蛇は、南方の火を禀け、虚耗の神と爲す、之を人にすれば、性質虚僞にして巧佞、公吏と爲し、婦女と爲す、令を失へば、市井の人と爲し、奴婢と爲す、物に於ては、光亮と爲し、醜陋と爲し、歪と爲し、破損と爲し、花卉と爲し、繩索と爲し、蛇と爲す、事に於ては、胎産、婚姻、文藝、錢貨と爲す、變異を見れば、光怪と爲し、虚疑と爲し、惡夢と爲し、血光と爲し、罵詈と爲し、汚穢臭氣の類と爲す、其色は紅白、其形は虚幻、勾曲、其數は三なり。

太陰は、西方の金を禀け、陰祐の神と爲し、能く禎祥を爲す、之を人にすれば、正直にして私なく、性氣馴らし難し、諫官と爲し、文人と爲す、令を失へば、婢妾と爲す、物に於ては、雕琢、金銀、羽毛、精潔、陰霖、露雨、霜雪、氷凍、佛寺、字跡と爲す、事に於ては、旺相すれば、則ち喜慶、恩澤、敎育、婚姻、胎産と爲し、休囚すれば、則ち淫亂、憂疑、欺詐、陰私、口舌、咒咀、哭泣、暗謀、密約、私通、走失と爲す、其色は白、其體は柔、其數は九なり。

六合は、東方の木を禀け、雷部、雨師、護衛の神と爲す、能く飛騰變化するものなり、之を人にすれば、賢を好み、貴族、高士、隱者と爲し、令を失へば、則ち巧工技藝、僧道、術士、醫生、書客と爲し、物に於ては、菓物、鹽粟、羽毛、布帛、衣裳、轎傘、彩仗、印璽、書契、樹枝、舟車、錢財と爲し、變異は、則ち草木の精、水族の怪と爲す、其事に於けるや、旺相すれば、則ち爵祿、榮慶、婚姻、和合、胎產と爲し、休囚すれば、則ち婦女、口舌、爭財、疾病、囚繫、膽怯、誹謗、通謀、勾引と爲す、其色は黄赤、其形は光彩、其數は六と七なり。

勾陳(白虎)は、西方の金を禀け、剛猛の神と爲し、兵戈戰鬪を主る、之を人にすれば、性、猛烈にして威雄、權官、使者、侍衛、虎賁と爲す、令を失へば、則ち軍卒、醜婦、工匠、農夫、牧童、捕役、屠者、兇徒、孝服、病人と爲す、物に於ては、金銀、刀劍、財帛、木實、魍魎、魚介と爲す、令を失へば、則ち朽鐵、瓦石、網羅と爲し、變異は、則ち氷雹、狂風、迅雷、物を害ふと爲す、事に於ては、爭訟、疾病、死喪、道路、跌傷、留連、遺失と爲す、其色は青白、其形は鋭利、其數は七と五なり。

朱雀は、北方の水を禀け、刑戮の神と爲す、之を人にすれば、性、聰明にして躁急、巧辯にして反復、文士、醉客、孕婦と爲す、令を失へば、則ち伶人、書史、盜賊、娼婦、魚鹽を賣る人と爲す、物に於ては、文章、印信、勅令、服物、魚蛇、卵蛋、鹽滷、油酒、傘炭の類と爲す、變異は、則ち妖魔鬼魅と爲す、事に於ては、則ち官に謁し、望みを求むと爲す、令を失へば、則ち口舌、啼哭、夢想、離別、驚恐、遺失と爲す、其色は赤黑、其形は缺、其數は四と九なり。

九地は、坤土の象にして、萬物の母、陰晦の神と爲す、之を人にすれば、性、柔順にして吝嗇、人像と爲し、大腹と爲し、醫卜の人と爲し、老婦、尼僧、農人、獄卒と爲す、物に於ては、子母牛と爲し、五穀、布帛、金石、藥餌と爲す、事に於ては、憂思、病患、牢獄、暗昧、哭泣、死喪と爲す、其色は黑、其形は厚くして柄あり、其數は八と二なり。

九天は、乾金の象にして、萬物の父なり、顯揚の神と爲す、之を人にすれば、性、剛健にして測られず、君父と爲し、官長と爲し、僧道、老人と爲し、首腦股肋と爲す、物に於ては、馬と爲し、金銀寶石、劒戟、刀砧、錢鏡、寒水、銅鐵、水果、絲竹、光亮玲瓏、旋轉活動、有聲有足の物と爲す、事に於ては、謀望、博奕、遠行の類と爲す、其色は赤白、其形は圓、其質は堅く、其數は一と六なり。

直符直使演卦の例

地盤、直符在る所の宮を以て內卦と爲し、天盤、直使在る所の宮を以て外卦と爲す、例へば、陽遁一局、甲戌の旬、辛巳の時、地下直符、坤の二宮に在り、天上直使、離の九宮に在り、即ち火地晉の卦を成すなり。

門方演卦の例

八方の定位を以て外卦と爲し、臨む所の八門を以て、内卦を爲す、例へば陽遁一局、丁卯の時、休門直使、巽の四宮に到れば、則ち東南は水風井の卦を成す、死門、乾の六宮に到れば、則ち西北地天泰の卦を成す、傷門、兌の七宮に到れば、則ち正西雷澤歸妹の卦を成す、杜門、艮の八宮に到れば、則ち東北風山漸の卦を成す、開門、離の九宮に到れば、則ち正南天火同人の卦を成す、驚門、坎の一宮に至れば、則ち正北澤水困の卦を成す、生門、坤の二宮に到れば、則ち西南山地剝の卦を成す、景門、震の三宮に到れば、則ち正東火雷噬嗑の卦を成す、餘は此例を以て推すべし、一時八卦ありて、用ふる所は一卦に止る、其去方の卦を見て、其方より來る人の善惡を卜し、其來方の卦を見て、來人の禍福を卜するの類なり。

奇門主客占驗の事

奇門の應候、時に先後あり、應に主客あり、彼此人我を以て之を推せば、大凡そ奇神は物の初に應じ、星は事の中に應じ、門は事の末に應ず、次に依りて之を推すに、應驗神の如くならざるものなし、若し我れ去りて人を尋ぬれば、我れ客と爲り、他を主と爲す、天盤の星を以て我れと爲し、地盤の星を以て他と爲す、如し他より來りて我れを尋ぬれば、他を客と爲し、我れを主と爲す、天盤の星を以て他と爲し、地盤の星を以て我れと爲す、他來りて我れを生じ、我れ去りて他を生ずるを看る、他より我れを生ずれば、益、我れに在り、我れより他を生ずれば、益、他に在り、他より我れを剋すれば、損、我れに在り、我れより他を剋すれば、損、他に在り、又陰日の天盤星を以て我れと爲し、陽日の地盤星を以て他と爲し、比和する者は損益なし、宜く之に倣ふて之を推すべし。

奇門事を占ふの例

奇門、上盤は天に象り、（九星を謂ふ）中盤は人に象り、（八門を謂ふ）下盤は地に象る、(九宮を謂ふ)上盤は星なり、中盤は門なり、下盤は宮なり、之を用ふるの法、凡そ吉凶を占ふ者、九星を重んずることあり、九星は天盤にして、吉凶は天に由るが故なり、凡そ星より門を尅すれば吉、門より星を尅すれば凶、凡そ出行するに、凶を避け吉に趨んとする者は、首として八門を重んず、八門は人盤にして、吉凶は人の自ら取るが故なり、凡そ門より宮を尅すれば、吉、宮より門を尅すれば、凶、地より人事を傷ればなり、凡そ營造、送葬、遷移する者は、首として九宮を重んず、九宮は地盤にして、遷移等の事は、皆地に由りて起ればなり、故に門宮相生すれば倶に吉、相尅すれば倶に凶、苟も此意を得て、之を推せば、凡そ事の三才に關する者、明かに通ぜざることなきなり。

奇門既に三盤に分ち上下盤六にして、倶に一干あり、地盤吉中に奇儀ある是れなり、上下相對して、成格不成格を一照すれば、顯然として知るべし、甲の丙に加はり、乙の奇に加はるが如き、是れなり、唯主星の下、飛門の內、暗に一干を藏す、直使を以て時支に加ふるが如し、又直符首中の起數、時干に至りて止む、其甲よりして、丙、丙よりして乙、而して癸に至り、以て時支を求れば、則ち八門中、又丁の一干を帶ぶ、之を飛干と謂ふ、此干、竝に局面に露れず、上下盤の外に在りて、時支を數ふる時、甲乙を用ひて、排し得るものなれば、暗藏と曰ふなり、現るゝが如く、隱るゝが如く、變化窮りなし、例へば飛門の如き、即ち中盤八門、既に主星を生ずれば、飛門內、忽ち庚ありて飛到す、凡そ百事外面吉なりと雖も、內は佳ならず、又飛門既に主星を尅すれば、凡そ百事大凶なれども、飛門內忽ち乙丙丁等の飛到するあれば、外面凶と雖も、內實は暗に吉を藏すこと多し、之を驗するに、現はるゝが如く、隱るゝが如く、有れども無きが如きは、飛干を謂ふなり。

歲時の豐凶を占ふ（中宮一星を用ふ）

一白星、中に居る年は、半ば雨雪霜露多し、然れども五穀豊登し、人民災なく、國泰かに民安し。

二黒星、中に居る年は、風雨烟霧多く、人口災あり、國家患ひあり、西南に凶荒あることを主る。

三碧星、中に居る年は、風雷多く、穀物凶歉なり、東南は熟し、西北は荒る、人民風寒の災ありて、盗賊多し。

四綠星、中に居る年は、雨水あり、南方は熟し、北方は荒る人民に小災あるべし。

五黄星、中に居る年は、晴雨時ならず、人に瘟疫多く、各地豊凶齊しからざるなり。

六白星、中に居る年は、晴雨時に從ひ、五穀豊熟して、國泰かに民安し。

七赤星、中に居る年は、旱魃多くして、五穀熟せず、西方は荒れ、北方は安し、南方は利あらず。

八白星、中に居る年は、雨水多く、五穀熟し、四方靜寧にして、國泰にか民安し。九紫星、中に居る年は、風調ひ、雨順ひ、國泰かに民安きも、南方は少く旱りあるべし。

凡そ三白星、巽離坤に在れば、南方豐熟し、乾坎艮に在れば、北方豐熟し、震兌中宮に在れば、天下倶に美なり。

晴雨を占ふ

陽門陽星飛びて陽宮に臨み、又火土星の同宮に居ることあれば、必ず久く晴るべし、如し陰星陰門水金星、及び壬癸、休門に合し、飛びて陰宮に臨み、二局並に相生沐浴に合ふものは、大雨を主る、若し景門に遇ひ、土宿飛臨するものは、雨を主る、時に雨なきことあり、或は日中に雨を下すことあり、若し陰星陽門陰宮に加はり、或は陰星陰門陽宮に加はるときは、半陰半晴を主る、若し壬癸及び甲子辰の日時、天蓬休門に逢ふも、亦雨あることを主る、若し火土星に逢ひ、水の日時、並に沐浴に逢はざるものは、雨なし、若し水星冲合に遇へば、當に大雨あるべし、若し風雷雨雪閃電星月雲霧を論ずるは、交節日時を詳にして、知るべきなり。

晴を占ふは、天輔天英を以て主と爲す、天輔を風神と爲し、天英を火神と爲せばなり、雲雨は風を以て散ずるを爲し、火を以て晴を爲せばなり、若し天輔天英の二星、旺相に乘じ、離の九宮に落ち、或は落宮を尅し、或は日時二干を尅するときは、亦晴を主る、玄武白虎は、雨風を主る。

雨を占ふは、天柱を以て雨師と爲し、天芮を閃電と爲し、天輔を風伯と爲し、天冲を雷祖と爲し、天蓬を水神と爲し、雲霧と爲す、壬癸の二干も亦水神なり、天蓬、坎兌震に遊び、壬癸に乘り、坎兌震、或は天柱に遊び、天冲を以て壬癸二干に乘り、坎兌震三宮に遊ぶは、皆雨を主る、又天輔天英落する所の天上宮より、地下宮を尅すれば、必ず雷雨作る、又天柱落する所の宮、何の干支を得るを見て、以て其日期と直符とを定む、近ければ則ち雨の來ること速か、遠ければ則ち雨の來ること遲し、坤二宮に遊べば、密雲にして雨ふらず、若し坎兌震に遊ぶも、水神に乘らざれば、亦雨なきなり。未の日、子の時の如き、天冲を直符と爲し、甲辰壬二宮に在り、上、六壬に乘り、下、地盤に臨めば、天冲も亦壬字あり、上下皆水木の神、壬子時干、天柱七宮直符と爲せば、當日雨ふることを主る。

雪を占ふ

雪は陰の凝るなり、水にして寒氣あり、乾兌二宮之を主る、或は天心壬癸二干に乘りて、兌に至り、或は天柱、壬癸二干に乘りて、乾に到れば、皆雪ふることを主る各落宮得る所の干を以て、其期を定るなり。

婚姻を占ふ

凡そ婚姻を占ふは、六乙を以て女と爲し、六庚を以て男と爲す、甲妹の乙を以て庚に妻はすの義を取るなり、乙庚二干落宮相生合すれば、則ち成り相刑剋すれば、則ち成らず、(地盤子卯相刑するの類の如し)又天上六合を以て、媒人と爲す、若し六合宮より六乙宮を生ずれば、媒人女家に向ひ、六庚宮を生ずれば、媒人男家に向ふ、六庚宮より六乙宮を剋すれば、女家畏れて嫁せず、六乙宮より六庚宮を剋すれば、男家女を嫌ひて娶らず、六乙宮擊刑を帶ぶれば、女性凶惡なることを主る、生合すれば、女性温良なることを主る、六庚宮凶神を帶ぶれば、男性暴烈なることを主る、生合すれば、男性温厚なることを主る、又庚金墓に入りて、凶格に乘ずる者は、男を刑し、乙奇墓に入りて、凶格に乘ずる者は、女を剋するなり。

又法

若し男家より婚姻を問ふときは、地盤諸星を以て男家と爲し、門より宮を生じ、或は上干より下干を生じ、吉格に合ふことを得、而して干支時日生合に逢へば、其婚必ず成る、若し門より宮を尅し、或は上干より下干を尅し、或は門迫相沖するときは、必ず成ること能はず、又比和して相善ければ成るべし、凡そ九星六儀三奇八門旺祿の時に在るものは、富貴の家なることを主る、若し衰墓して生に逢ふものは、漸く發するの家と爲し、旺して尅を受くるものは、時に退くの家と爲す、若し女子の相貌人品を論ずれば、八門九星地將を以て之を推す、若し生に逢へば、人品清奇なることを主る、尅に逢へば、不正の人、或は再嫁殘婚の類と爲す、若し女家より男を問ふときは、女を以て主と爲し、前法に照し、反りて之を推すなり。

養子を占ふ

凡そ養子を占ふ、專ら乙庚を以て之を論ず、女より夫を求るが如き、當に天盤六庚宮より來りて、地盤六乙宮を生ずる處を用ふべし、六庚の上に吉星を得れば、夫の性、温良なることを主る、凶星を得れば、財物を詐取せられ、或は心性奸險なることを主る。

若し男よりして女を求るときは、當に地盤六乙宮より、天盤六庚宮を生ずる處を用ふべし、亦成ることを主る。

懷姙を占ふ

凡そ懷姙を占ふは、坤宮を以て母と爲し、宮上得る所の門を以て胎と爲す、坤宮の天盤を以て產室と爲す、如し天盤より門を尅すれば、子存せず、坤宮より門を尅すれば、胎安からず、門より坤宮を尅すれば、母長く病むべし、天盤より地盤を尅すれば、母安からず、門、陽に屬すれば男胎、門、陰に屬すれば女胎なり、伏吟に逢へば、子母の腹を戀ひ、胎穩かなりと雖も生れ難し、白虎を見れば、其産應に速なるべし、若し傷門杜門宮に到れば、入墓と爲し、必ず是れ死胎なり、或は天盤門宮二者の墓と爲れば不吉、坤宮の墓と爲れば、不利母にして、門の墓と爲れば、不利子にあり、若し三奇を有すれば、必ず好子を得べし。

又坤宮天芮星を以て母と爲し、天盤星坤に臨むの星を以て胎息と爲し、陽星を男胎と爲し、陰星を女胎と爲す、唯天禽星坤に臨むときは、双生と爲す、陽干は男にして、陰干は女なり。

生産を占ふ

凡そ生産を占ふは、宮奇儀を以て母と爲し、天盤奇儀入門を以て子と爲す、天盤地の干支、旺祿の吉に臨み、生に逢ふ者は、子母全く安し、若し上干及び門地盤奇儀を剋すれば、其子母缺くる所あるを慮る、若し地盤奇儀得令の宮に在れば、剋を受くと雖も、亦且害なし、母より子を剋するも、其産容易なり、子より母を剋すれば、産難し、若し子母氣なくして、又傷を受くる者は、子母全きことを得難し、若し子母比和すれば、其産平安なり、若し吉格に合へば、産るゝ子極めて貴く且壽なり、若し凶格に逢へば、夭死して養ひ難し、又何の日將に産せんとすることを知らんと欲せば、即ち相沖生旺の日時を看て、之を決す、陽星は多く男を生み、陰星は多く女を生む、陰陽相並ぶものは双生なるべし。

又法

坤宮を以て産室と爲し、天芮を以て産母と爲し、天盤得る所の星を以て小兒と爲し、天芮より天盤の星を剋するものは、速に産することを主る、天盤星より地盤星天芮を生するものは、子より母の腹を慕ひ、產遲きことを主る、天盤星より地盤星を尅するものは、母凶、地盤星より天盤星を尅するものは、子亡す、若し旺相氣及び奇門吉格を得るものは吉、若し天盤星地盤庫に落すれば、子、母の腹内に死す、天地二盤、凶門凶格に乘ずるものは、子母倶に凶、天地二盤、死絕の氣に乘るを以てなり。

病症の如何を占ふ

凡そ病症の如何を占ふは、天芮落つる所の宮を以て之を決す、後に戴九履一の法を以て、是れ何の病たるを論ず、離宮を頭眼目と爲し、内に在るを心と爲し、病と爲し、火と爲す、坤を腹と爲し、門に在るを胃と爲し、病に在りては、蠱脹と爲し、外に在るを肌膚と爲し、又右肩右耳と爲し、病に在りては、瘡と爲す、兌を咽喉胸膈と爲し、肺と爲し、内に在るを咳嗽噎疾喘急瘖啞と爲し、外に在るを口齒顴角右脇と爲す、病に在りては、痞と爲す、乾を腿足と爲し、亦頭と爲す、内に在るを大腸と爲し、病に在りては、内は則ち膀胱便閉壅結、外は則ち腿足筋骨疼痛と爲し、又瘡と爲す、坎は内に在るを小腸腎氣丹田と爲し、病に在りては、寒疾遺精泄瀉、或は淋瀝便閉、或は茶酒久宿腹痛と爲し、外に在るを肩と爲し、病に在りては、陰虚瘡痒疝氣と爲す、艮は内に在るを脾と爲し、虚脹を主る、外に在るを腿足脚氣と爲し、病に在りては、痲木風濕と爲し、又瘡と爲す、震は内に在るを肝膽と爲し、外に在るを左脇と爲し内病は則ち血虚と爲し、癆症と爲し、吐血痦痳驚悸狂言と爲し、外病は則ち目盲耳聾、及び風癩瘡痛左股筋骨の疾と爲す、巽は内に在るを胃口膏肓と爲し、又胆病と爲す、内は則ち中風不悟、肝肺相傷ひ、三焦虚炎、感傷風熱喘急と爲し、外は則ち左耳左肩左肱と爲し、又筋と爲し、外病は則ち手足浮熱、四肢力なく、又癱疾狂悖筋舒の疾と爲し、再び天芮の落宮所帶の干を以て、其寒熱と虚實を驗し、節氣時令を詳審し、方に的確を得べし、疎忽にして人を誤ることなきを要す。

疾病を占ふ

凡そ疾病の吉凶を占ふは、天芮の落宮を以て病と爲し、生死二門を以て之を推す、天芮、生門を得る者は生き、死門を得る者は死す、又天芮、乾兌二宮に落するを見れば、旺して治すること能はず、離宮中五に落すれば、其病長し、震巽二宮に落すれば、病神尅を受け、樂まずして愈ゆることを主る、坎宮に落すれば、休囚と爲し、病久しと雖も治すべし、又新病、空亡に落する者は生き、久病、空亡に落する者は死す、又日干を看るに、死囚の氣を帶び、或は凶神凶格を帶び、奇門を得ざる者は亦死す、若し天芮の落宮、凶神凶格に乘ずれば、日干旺相の氣を得るも、天芮に年命を沖尅せらるゝ者は亦死す、又病人の年命を看るに、日干即ち生日八字中の日干入墓する者は亦死するなり、又凶星奇門に加はり、上下二干相救へば、死中に活を求むべし、或は三奇吉格吉門にして、上下二干合あれば、藥を服せずと雖も亦愈ゆべし。

人の壽數を占ふ

凡そ人の壽數を占ふは、天冲死門を以て之を決す、蓋し天冲は乃ち三宮の神にして、生氣と爲す、又五を死氣と爲す、又九十歳を以て率と爲し、九宮毎宮十年、天冲落する所の宮の遠近を見て、以て其數を定む、若し天冲旺相を帶ぶれば、一生患ひなし、若し休囚廢沒すれば、一生常に困苦あり、占者、天冲の落宮數より起し、陽遁は九宮を順行し、陰遁は九宮を逆行し、數へて死門落宮に至りて止む、自己經過せし壽數を除き、終り得る所の餘歳を以て論斷す、如し年三十にして四數を得れば、則ち三十を除きて、尚十年の壽あるなり、他は之に倣ふ。

又　法

冲柱二星を以て、死門の遠近に合せて、以て、之を定む、男は天冲星を以て起し、順に奇儀を布き、女は天柱星を以て起し、逆に奇儀を布き、死門に至るまで、幾宮を隔つることを看、一宮を十年と爲し、起算して、死門に至るまで、幾宮を得、壽幾十年と爲し、幾十年を餘す外、再一宮を以て一年と爲し、齡幾年を看、定めて幾十幾歳と爲す、但四正四宮は、一宮只一宮と爲し、四維四宮は、一宮即ち二宮と作る、四維は乃ち八支を有するに因る。

人の年命吉凶を占ふ

凡そ人の年命吉凶を占ふは、來人乘る所の方を以て、天地の正時と其年命座する所の方とに合せ、之を來方に推して、奇門吉格を得る者は、其年命必ず吉、年命の落宮、奇門吉格に合ふ者も亦吉、年命座方倶に奇門吉格に合ひ、再び旺相の氣に乘れば、必ず奇遇あり、地盤墓庫に入る者は、昏晦を主る、空亡に落つる者は百事成らず、死門に入る者は死し、傷門に入る者は病み、驚門に入る者は口舌詞訟あり、景門に入る者は火災あり、杜門に入る者は憂疑し、開門に入る者は貴人を見、休門に入る者は進謁し、生門に入る者は財を發し、喜ひを得、大抵奇を得、門を得る者は、吉、凶門に乘り、年命を相尅する者は凶、尅せざる者も亦凶となす。

爭訟を占ふ

凡そ爭訟を占ふは、其人心中不平にして、先づ人を訟ふる者あり、又人に訟へられて、伸理を求る者あり、須く開門を以て法官と爲し、直符を以て原告と爲し、天乙を以て被告と爲し、驚門を以て訟神と爲すべし、如し開驚二門倶に尅せらるゝときは、被告敗れ、倶に原告を尅するときは、原告敗る、一は原告を尅し、一は被告を尅するときは、兩家倶に敗る、總て落宮を以て之を決す。

又開門より原告を生じ、驚門より原告を尅し、或は開門より原告を尅し、驚門より原告を生じ、又被告生尅を得る者も亦然り、直符天乙の旺相を以て勝と爲し、休囚を敗と爲す、亦落宮を以て之を決す。

訟へを興し並に訴狀を呈するを占ふ

凡そ訟を興すと、狀を呈するとを占ふは、丁を以て訴狀と爲し、朱雀を訟師と爲す、如し朱雀、陽干の宮に落し、或は落宮天獄庚を相沖し、又景門に乘れば、其訟へ必ず興る、若し朱雀、陰干の宮に落すれば、其訟へ大に起る、囚休廢沒の宮に臨めば、訟へ即ち結びて興らず。

訴狀を呈するは、開門を以て官と爲し、景門を以て訴狀と爲す、開門宮より景門宮を生ずれば、吉と爲し、景門宮より開門宮を生ずれば、准せず、景門より開門を尅すれば准し、開門より景門を尅すれば准せず、又景門旺相の宮に落すれば、則ち准じ、休囚廢沒の宮に落すれば、則ち准ぜず、如し旺相して開門を生ずれば、准ずべし、休囚廢沒より開門を尅すれば、准ぜざるなり。

罪の輕重を占ふ

凡そ罪の輕重を占ふは、開門を以て法官と爲し、六辛を以て罪人と爲し、六甲旬宮の六壬を以て天牢と爲す、若し開門宮より地辛宮を尅し、辛上又六壬ありて、之に臨めば、牢獄の災あるを防ぐ、二者一を缺けば害なし、再び壬を以て天牢と爲し、甲辰旬中壬戌の時なれば、戌を天牢と爲し、甲子旬中壬申の時なれば、申を天牢と爲す、餘は之に倣ふ、若し天盤上尅する所六壬の支、再び開生二門を得るものは吉なり。

出行の期を占ふ

凡そ出行の期を占ふは、其人或は牽繫せられて、急に行くこと能はざる者あり、或は節制せられて、自由を得ざる者あり、或は本人猶豫して定めざる者あり、時干を以て出行するの人と爲し、日干を以て牽繋節制するの人と爲し、開門を以て起行の期と爲す、若し日干より時干を尅すれば、行くこと能はず、時干より日干を尅すれば、即ち行く、日干宮の上下皆來りて日干を尅すれば、彼れ自ら制を受け、我れを制するに暇なし、我れ即ち行くべし、若し本人自ら猶豫して決すること能はざる者は、時干宮を看る、外に在れば去ると爲し、内に在れば去らずと爲す、倶に開門の落宮下何の干を得るを看て、以て其期を定むるなり。

道途の吉凶を占ふ

凡そ道途の吉凶を占ふは、時干落する所の前一宮を以て之を看る、若し天蓬を得れば、賊盜ありと爲す、乃ち時干落する所の宮前一宮、陽順陰逆なれば、即ち天蓬を得て賊盜と爲す、若し無きものは過ぎず、再び時干加はる所の本宮を見て、生旺相並ぶことを得、三奇吉門吉格を得るものは妨げず。

同伴人の善惡を占ふ

凡そ途中同伴の人に遇ひ、其善惡を占ふは、地盤時干を以て、己れが身と爲し、何星の之に臨むを看る、如し天禽、天心、天冲、天輔、天任を得れば、善人と爲し、天蓬、天芮、天英、天柱を得れば、惡人と爲す、再び旺相を得て、時干又廢沒の地に居れば、侵害あることを主る、時干旺相すれば、凶星廢沒するも、亦害すること能はず、若し凶星時干を害するも、生休開の三門、及び三奇吉門吉格を得れば、被害中、救ひを得ることを主る、若し時干旺相すれば、刑格並に一切凶格を得、侵害ありと雖も、亦妨げなし。

旅館主の善惡を占ふ

凡そ旅館主の善惡を占ふは、時干を看、若し蓬芮英柱の四星に遇へば、倶に惡人

なる を知る、輔禽心沖任の吉星に逢へば、俱に善人なるを知る、若し落宮、時干を尅すれば、侵害あるを主る、時干の落宮に、三奇吉門吉格あるときは、惡人ありと雖も、敢て害せず、如し吉格なくして、但旺相に乘るは、亦害なし、若し時干、休廢沒を得、並に凶星を得る者は、當に侵害あるべし。

出行の可否を占ふ

凡そ出行の可否を占ふは、三奇六儀旺祿の宮に臨むことを得んと欲す、或は行年吉格に合ひ、上下本日時を相生し、官貴祿馬俱に臨み、此時を以て行けば、貴人の接引に遇ひ、又財帛を得、利名亨通し、行爲皆順なるべし、若し本命行年、並に此時凶格に合ひ、門より宮を尅するときは、必ず虛驚多し、若し閉門より宮を尅すれば、貴人を見るの類とす、若し凶格相沖入墓等に逢へば、出でゝ歸らざることあり、若し壬癸に遇へば、水厄の患ひあり、如し辰戌に遇へば、牢獄の苦みあるを恐る。

舟に乗ることを占ふ

凡そ舟に乗ることを占ふは、震三宮を以て、舟と爲し、天盤得る所の星を以て、船戸の善惡と爲し、天輔、天禽、天心の三星を得れば、大吉、天任、天冲の二星なれば、中吉と爲し、天芮、天英、天柱、天蓬を大凶と爲し、其舟は乗るべからざるなり。

水陸の可否を占ふ

凡そ水陸の可否を占ふは、坎を以て水路と爲し、艮を以て陸路と爲す、直使落宮を看て、水陸一路、一の生あれば則ち吉、尅せらるれば則ち吉ならず、又休生二門落する所の方を見て、出行するも可なり。

又法

休景の二門乘る所の宮を以て、水陸二路を分ち、休門の落宮、天地二盤に合ひ、三奇相乘るものあれば、水路吉なり、景門に三奇あるものは、陸路吉なり、舟行するものは、青龍逃走、白虎猖狂の凶格を忌む、皆風暴を主る、蛇夭矯は、凶災を主る、朱雀投江は、沈溺を主る、又傷門を以て、船と爲す、傷門休上に加はれば、浮と爲し、順と爲す、休門、傷上に加はれば、舟水底を行くと爲し、沈溺を主る、景門を陸路と爲し、又傷門を以て、馬と爲し、車と爲し、白入熒を忌む、火驚を主る、元武、天蓬は、盜を主る、水路は驚門の來尅を忌む、船を傷ることを恐る、又艮は水利なし、陸路にして、休門景に加はれば、泥濘行き難きことを主る、若し二門入墓すれば、道路障塞して、行動艱辛なることを主る。

行人の吉凶を占ふ

凡そ行人の吉凶を占ふは、其人の年命を以て、當時局中の干支に照合し、是れを行人と爲し、支宮を以て、宅舍と爲し、左右宮を以て、來るの遲速と爲す、如し東方の人を占ひ、西方を得れば、即ち來り、北方を得れば、來らず、南方を得れば、路に在り、其歸期は、地方遠近の旺相を以て、之を決す、行人甲子の生れにして、南方に往くが若き、坎に遇へば即ち歸る、坤兌乾の三方に遇へば、將に至らんとす、艮震巽の三方に遇へば、又他方に向ひ去る、又我れを尅するの卦に遇へば、必ず中途にして妨げあり、再び吉凶神殺、我れを尅するの宮を看て、以て安危を定む、餘は類を以て推すべし。

又天蓬、天芮の二星は、倶に行人を主る、百里外の者は、天蓬を見、百里內の者は、天芮を見る、蓬芮を得る者は、歸り來る、又時干を以て、來期と爲す、伏吟は來らず、返吟は來ると爲す、三奇、吉門に行人本命年干の上に合へば、即ち到る、凶星凶門は、其人必ず妨碍あり、又年格は年に來り、月格は月に來り、日格は日に來り、時格は時に來るなり。

又法

此時伏吟なれば、行人身未だ動かず、返吟なれば、來ること速なり、若し上干下干を尅し、或は門より宮を生じ、或は宮を尅し、或は庚、日干に加はれば、行人即ち至る、若し上干尅せられ、或は宮より門を尅すれば、行人來らず、若し日干庚に加はれば、行人來らず、若し上干墓衰宮に在り、或は門宮相尅すれば、行人の來ること遲し、若し上干旺祿宮に臨み、又日時相生合吉の格に逢へば、酒席に阻てらるゝことあるを主る、或は舟なく、或は船水の驚きあり、或は口舌喜悅の事ありて止められ、或は上干死絶の宮に在れば、尅制せらる、及ひ日時相犯せば、永く來らず、若し干支相沖、行人の行年干上に在る者は、或は死亡し、或は囚禁せらるゝなり。

遠方の信書を占ふ

凡そ遠方の信書を占ふは、六丁の落宮を以て信と爲し、時干の落宮を以て內外來信の遲速を分つ、內に臨めば、信の來る速なり、外に臨めば、遲し、六丁制を受け、休囚輕ければ、則ち信遲く、重ければ則ち信なし、夭嬌は信遲く、投江は信なし、六丁三奇合を得れば、喜信あることを得、擊刑を帶ぶれば、凶信あり、庚格は信なし、投江內に在れば、亦信なし、又景門本人居る所の地に臨めば、信來ること甚だ速なり、若し人の北方に在りて、南方の信を占ひ、一宮景門を得れば、信即ち到る、若し南方に在りて、此北方の信を占ひ、九宮景門を得れば、信即ち到る、餘は之に倣ふ。

外に在りて家中の安否を占ふ

凡そ外に在りて家中の事を占ふは、日干を以て、主と爲し、日干長生すれば、家に處ると爲す、例へば、甲の日干の如き、則ち甲木の長生、亥に在り、亥は乾に寄す、乾宮地盤中を看て、凶星凶格なければ、家中の平安を主る、凶星凶門凶格あるものは、凶を主る、須く宮を尅するは、是れ何の干なるを看るべし、日干の六親を以て之を決す、年を父母と爲し、月を弟兄と爲し、時を妻子と爲す、即ち各本宮の得る所を以て、之を論ずべし。

逃走を占ふ

凡そ奴婢、牛馬、雞犬等の走失を占ふ、應に何れの方に向ひて、尋ぬべきや、得ると得ざると如何ん、乃ち時干を以て、失主と爲し、六合を走失の物と爲し、但落宮を以て、之を論ず、六合と時干と落する所の宮を以て、內外を分ち、遠近を以て斷ずるを爲す、時干六合、倶に內四宮に在れば、尋ね易しと爲す、倶に外四宮に在れば、尋ね難しと爲す、若し時干外に在り、六合內に在れば、猶尋ぬべし、六合所在の宮を以て、方向と爲し、如し旺相の星を得、又景、死、驚、傷の四門を得る者は得べし、九地、大陰を得れば、人の潜藏するあり、九天を得れば、應に遠く走り去るべし、玄武を得れば、人に盗み去らる、螣蛇を得れば、人の繫累するあり、朱雀を得れば、即ち信あり、勾陳を得れば、内人の相勾引して去るあり、又六庚の年月日時を看るべし。

例へば、大寒、中元、陽遁九局、乙庚の日、庚辰の時、時干、震三宮に在り、六合、坎一宮に在り、倶に内に在りと爲し、又六合を坎宮と爲す、人の潜藏するあり、失はざることを主る。

又法

奴婢の走失を占ふは、男僕は、專ら天盤天蓬の宮を責め、女婢は、專ら天盤天芮の宮を責めて、之を尋ぬれば、必ず獲べし、陽日は、地盤蓬芮の宮を責めて、之を決す、格に逢へは必ず獲るも、格に逢はざれば獲ず、若し六合と相竝ぶものは、必ず誘拐せらる、二神庫に入れば、人の隱匿することありて、尋ねがたし、空亡に落つるものは、獲ること能はざるなり。

又小兒を失ひたるとき、陽遁は、天盤六合所在の方に於て、之を決し、陰遁は、地盤六合所在の宮に於て、之を決す、若し女婢を失ふは、陽遁は、天盤大陰所在の方、陰遁は、地盤大陰宮に於て、之を定め、此二神を見れば、即ち其人所在の方を知る、坎艮震巽の四宮は、內に在りて、近しと爲し、離坤兌乾の四宮は、外に在りて、遠しと爲す、陰遁は、此れに反す、若し二神日干の墓庫に落すれば、遠近共に尋ね難し、空亡に落する者は、其人又他方に往き去る、後再び干を以て神の宮に合せ、之を尋ぬれば、必ず獲べし。

失物を占ふ

凡そ失物を占ふは、甲子戊を以て、財物と爲し、如し玄武を見れば、人に盜み去らる、玄武を見ざれば、自己の遺失と爲す、若し玄武宮より青龍宮を尅し、又青龍より玄武を尅するは、定めて盜み去らるゝなり、又六丙旬中の空亡を以て、之を見るに如し甲子戊の落宮、空亡なれば、或は自己の遺失、或は人に盜み去らるゝも、倶に復得べからず、失落の處を知らんと欲せば、甲子戊落宮の方向を以て、之を定む、內四宮に在れば、宅中に在りと爲し、外四宮に在れば、失落せし處、甚だ遠し、又落宮卦位の方向、體象を以て之を斷ず、例へば、艮を山と爲し、少男と爲し、東北と爲し、震を木と爲し、長男と爲し、正東と爲し、巽を木と爲し、長女と爲し、東南と爲すの類、此宮の地盤を以て、之を決すべし、玄武を見て、盜たるを知るが如き、玄武の落方を以て、賊所在の方を定む、陽星を男と爲し、陰星を女と爲す、又玄武落する所、天盤地盤の支干を以て、賊人の衣色を決するなり。

例へば、大暑中元、陰遁一局、戊癸の日、壬戌の時、甲子戊、三宮に到る、玄武を見ず、是れ自己の遺失にして、東方に應ず、又空亡を見ず、震の卦を以て、我れに象り、卯の日を以て、尋ねて之を得、但甲子戊三宮に到れば、擊刑と爲す、亦傷損なり。

又法

天盤奇儀地盤と生合し、或は門より宮を生ずるときは、失物必ず見はるべし、或は自ら遺失するか、或は親友に藏さるゝなり、若し門宮相尅し、上下大に相冲すれば、物必ず尋ねがし、如し凶格に合へば、或は失物に因て、反て禍を招き、財を破る、如し門より宮を生じ、宮又墓衰にして相合ふときは、乃ち自己家人の爲に盗まる、如し宮より門を生じ、干支相冲すれば、乃ち外人に偷まる、陽星相犯せば、男と爲し、陰星相犯せば、女と爲す、陰陽相並べば、必ず男女情を知る、若し陽星墓宮に臨めば、女偷み男藏すと爲す、若し陰墓なれば、男偸み女藏すと爲す、旺氣に逢へば、少年の人と爲し、衰氣に遇へば、老年の人と爲す、寅を公門の人と爲し、卯を過を犯すの人と爲し、辰戌を兵卒の人と爲し、或は勇を好む人と爲し、巳を手藝の人と爲し、或は爐冶の人と爲し、午を商旅の人と爲し、申を隣近の人と爲し、或は知己の人と爲し、未を同類の人と爲し、酉を虚花の人と爲し、或は多辯の人と爲し、亥子を江湖の人、或は漁人、舟人、又漂流の人と爲す、又天上干に於て、生に逢へば、根基ある人と爲し、尅に逢へば、根基なき人と爲す、或は上下相合へば、親眷の人と爲す、若し門より宮を尅し、或は干支、庚に逢ふて相尅すれば、再び賊の來ることを防ぐべし。

又法

日干の落宮を以て、失主と爲し、時干の落宮を以て、失物と爲し、各類を以て之を推す、時干の落宮、旺相の氣に乘り、來りて日干の落宮を生ずる者は、得べし、反吟も亦得べし、空亡墓絶の宮に落すれば、則ち得ず、乾を金鎖、寶物、銅鐵、團圓の物と爲し、又帽子と爲し、馬と爲し、坎を水晶、珍珠、筆墨、毛髪、細軟の物と爲し、又猪と爲し、艮を玉石、器皿、鐙靴の類と爲し、又牛、犬、猫と爲し、震を車、船、木器、碧色、衣服の物と爲し、又驢騾と爲し、巽を絲綢、緞布、細軟の物と爲し、又彩色、細長、隊を成すの物と爲し、離を文明、圖書、手卷、字畫、印信、文劵、彩禽、暖衣の類と爲し、又馬と爲し、坤を銅鐵、鼓磬、鍋釜、中空聲あり、又象牙の類と爲し、又牛羊と爲し、兌を金銀、首飾、又口あるの物と爲し、又羊と爲し、雞と爲し、飛禽の類と爲す、氣あるを活生の物と爲し、氣なきを死亡廢絶の物と爲す。

出資の得失を占ふ

凡そ出資の得失を占ふは、天乙を以て財を取るの人と爲し、直符を以て財主と爲し、生門を以て財神と爲し、各生尅旺相を以て論ず、如し直符宮より天乙宮を尅すれば、吉と爲し、天乙宮より直符宮を尅すれば、凶と爲す、天乙宮より直符宮を生ずれば、吉と爲し、是れに反すれば、凶と爲す、如し生門宮天乙宮と同く、直符宮を尅すれば、其財悉く失す、同く直符宮を生ずれば、子母倶に全し、或は生門と天乙と一生一尅あれば、本利全からずして遲し、如し天乙生門休囚の氣を得れは、直符を生すと雖も、終に全く得ること能はず、且必ず遲滞すべし、天乙とは、天盤上の一宮を指すなり。

債を索るを占ふ

凡そ債を索るの得失を占ふは、傷門を以て債を索る人と爲し、若し傷門宮より天乙宮を尅すれば、使ふ所の人、必ず實心に債を索むべし、天乙宮より傷門宮を尅すれば、彼れ必ず争ひて服せず、傷門と天乙と同く來りて、直符宮を生ずれば、子母全く獲べし、全く直符宮を尅すれば、還らず、傷門直符宮より天乙を尅すれば必ず還る、天乙を生じ、直符を尅すれば、還らず、天乙旺相して、傷門を尅すれば、錢ありと雖も還さず、天乙休囚して、傷門を生ずれば、心ありて力なく、全からず、或は遅きも終には還るべし、若し天乙庚辛に乗り、來りて直符を尅すれば、必ず訴訟に至ることあり、或は直符より天乙を尅し、六丁に乗り、或は景門三四宮に加はるも、亦訴訟あり、若し甲子戊、開門に會し、開門、丙地時干に加はるときは、其還ること速なり、訴訟と、利を得ると、否とは、乃ち傷門天乙直符の生尅を以て、之を斷ず、天乙とは、天盤上の一宮を指すなり。

財物を借ることを占ふ

凡そ財物を借ることを占ふは、天乙を以て、往て借るの人と爲し、各落する所の宮を以て、生尅を分ちて、之を論ず、直符より天乙を生じ、天乙より直符を尅すれば、借貸必ず遂ぐべし、若し直符より天乙を尅し、天乙より直符を生ずれば、借貸遂げざるなり、天乙とは、天盤上の一宮を指すなり。

囑託して人に求るを占ふ

凡そ囑託して、人に求るを占ふは、天乙宮を以て託を求るの人と爲し、直符を求る所の人と爲し、直使を託を受くるの人と爲す、若し直符より直使を尅すれば、其言を信ぜず、直使より直符を尅すれば、彼れ必ず悦ばず、直符より直使を尅して天乙を生ずれば、其言を踐むと雖も甚だ快利ならず、直使より直符を生じて、天乙を尅すれば、彼れ肯て力を盡さず、直使直符倶に天乙を生じ、或は倶に天乙に生ぜらるゝときは、其の事方に濟るべし、一の生ぜざるあれば亦濟らず、各落する所の宮を以て、分ちて之を定むるなり、天乙とは天盤上の一宮を指すなり。

事の成否を占ふ

凡そ事の成否を占ふは、人來りて我れに求むれば、他を以て客と爲し、我れを主と爲す、若し我れより去りて他に求むれば、我れを以て客と爲し、他を主と爲す、主客相生比和すれば、求めて自ら成る、星儀門迫は求めて成り難く、力を費すのみ、若し主客相傷し凶格に合へば、事を求るに因りて非を生じ、或は反て財物を耗す、只他より我れを生ずれば、順と爲して圖り易く、我れより他を生ずれば、逆と爲して圖り難し。

賣買を占ふ

凡そ賣買を占ふは、直符を以て物を買ふの人と爲し、生門を以て賣る所の物と爲し、生門の落宮を以て物の主と爲す、如し門來りて直符を生ずれば、其物を買て利益あることを得、如し門と本落宮と相生すれば、物主物を慕ふと爲し、其物買ひ難し、相尅すれは賣買成り難し、如し直符旺相を得來りて、生門宮を生ずれば賣る者に利あり、或は生門宮來りて直符宮を生ずれば、買ふ者に利あり、凡そ物を買はんと欲する者 賣主の方を見、吉格を得る者は利あり、凶格を得る者は其物見るに堪へず、買主の方、吉格を得る者は吉、凶格を得る者は多少の煩惱あるべし。

合資の可否を占ふ

凡そ合資の可否を占ふ、生門(地盤)を以て財主と爲し、天乙(天盤生門)の落宮を以て夥計と爲し、地盤より天盤を尅し、天盤より地盤を尅し、及び天盤より地盤を生ずるは倶に利あらず、地盤より天盤を生ずれば益あり、此れ生門宮天盤地盤を看るなり、一説に生門を地盤と爲し、天乙を天盤と爲すと云ふ。

又一説に、如し地盤天盤に合へば其事成らず、天盤地盤に合へば、彼れ必ず我が財を陷る、彼此經營を善くせず以て財を耗すべし、他より來りて我れを生ずれば彼此大利あり。

遠客の來意を占ふ

凡そ遠客の來意を占ふ、直符を以て主と爲し、天乙を以て、遠客と爲し、各落宮を見相生するものは關係なし、直符を剋するものは求めあり、天乙を剋するものは其求め成らず、相比するものは求め遂ぐべし、又甲陽干に落つれば、財を求むるの事と爲し、丁陽干に落つれば、囑託の事と爲し、景門陽干に落つれば、文書の事と爲す、陽は甲乙丙丁戊、陰は己庚辛壬癸なり。

漁獵を占ふ

凡そ漁獵を占ふ、傷門を以て主と爲し、甲戌己を犬と爲し、甲寅癸を網と爲す、如し天盤星傷門宮を剋すれば物を得、傷門星天盤星を剋すれば物を得ず、天盤より傷門宮を生ずれば、物を得るも走脫し、傷門宮より天盤星を生ずれば、得易し、又地盤休囚天盤生旺すれば、物を得ること必ず多し、此れに反すれば獲ざるなり。

家宅を占ふ

凡そ家宅を占ふは、門より宮を生じ、上干より下支を生じ、乙丙丁の六儀、旺祿に臨み、宮を生ずれば、宅舍清寧にして、人口平安なることを主る、又田產を增すべし、若し生門より宮を生ずれば、田產布帛を增すべし、開門より宮を生ずれば、金玉珍寶財貨、及び貴人の助けあり、八門の生尅を詳にして、之を推すに、若し凶星凶門より宮を尅し、地盤衰墓に臨みて、又傷を受くるものは、口舌災厄病難あり、若し陽星、傷を被れば、男子に災あり、陰星、尅せらるれば、女子に災あり、若し陰陽皆尅せらるれば、男女皆災あり、乾を父と爲し、坤を母と爲し、震を長男と爲すの例の如し、若し其人本命墓絶の宮に在り、又冲尅せらるれば、死亡の憂ひあり、但比和して生に逢へは、難中に救ひありと爲す。

家宅の修繕を占ふ

凡そ家宅の修繕を占ふは、生門を以て主と爲し、全吉の日辰を得、地基上に又生門を得るを以て、上と爲し、修造に宜し、生門に天禽あり、或は中宮に在るも、亦吉、宮門犯迫するを忌む。

轉居を占ふ

凡そ轉居を占ふは、上の一宮に三奇吉門ありて、再び天禽星を得れば、四季皆吉、天輔星は、春夏大吉、天心星は、秋冬大吉、其餘の星は、皆利あらず、各來時を以て之を占ひ、以て天乙を定む、即ち占ふ所の時、何星の天乙たるを以て、之を定むるも亦同じ、九星を以て之を論じ、九宮を以て方向を分ち可否を定むべし。

分居を占ふ

凡そ分居の可否を占ふは、坎離兩宮を以て、陰陽位を分つの始めと爲し、十一月より四月に至るを陽と爲す、坎艮震巽を以て內と爲し、離坤兌乾を外と爲す、五月より十月に至るを陰と爲す、乾兌離坤を以て內と爲し、坎艮震巽を以て外と爲す、又年を以て父母と爲し、月を以て兄弟と爲し、日を以て己れの身と爲し、時を以て子と爲し、本局中の支干を按じて、之を推し、兄弟を分たんと欲すれば、日月支干に照して、宮を見、內外支干を分ち、若し內外兩處に在れば、分居に宜く、一處に在れば、分居に宜しからず、子息の分居を見るも、日時支干を見て、類推すべく、再び旺相休囚を以て、吉凶を定むるなり。

官員等の陞級を占ふ

凡そ升遷を占ふは、開門を以て之を決す、開門を官と爲すに因る、又太歲月建の相生を看る、若し開門、生旺宮に加はり、再び三奇、生を得、吉門吉格に合へば、必ず升遷すべし、再び太歳月建吉神に乗り、來りて相生するに遇へば、高級高位を得るなり、或　吉格ありて、旺相なく、旺相ありて、吉格なく、或は旺相吉格ありて、太歳月建の來りて相生ぜざる等は、皆升ること能はざるなり。

例へば六巳の年、大寒上元、陽遁三局、丙申の日、乙未の時、開門七宮に在り、開門本金に屬し、兌七亦金に屬す、同類我れを助けて、相を爲し、又上に奇日ありて之に合ひ、又六巳、太歳天輔に乘り、離九宮に在り、來りて兌七宮を生ずるが如き、升遷疑ひなし、又太歳落して何の宮に在るを看る、即ち其干を以て、升る所の年月と爲すなり。

又立春中元、陽遁五局、乙庚の日、丁巳の時、開門九宮に到り、火來りて之を尅す、鬼に囚はるゝなり、定めて升らず、直符、坤に在りて金を生ずるの象あれども、本宮旺せざれば、亦益なし。

八門遁甲秘傳　巻下

柄澤照覺輯

陽遁陰遁各局日時用法

左に表掲する陽遁陰遁各九局の用法、例へば、冬至後、又清明・驚蟄・立夏の節、乙又は庚の日、午の時の局面を知らんと欲すれば、陽遁一局の中、乙庚の日、半夜丙子の時に起るとある下を見れば、壬午の時にして、此表、記する所に隨ひ、圓盤内の輪子生門を離宮に移せば、驚門は艮宮に、杜門は兌宮に移り、生門に乙奇和し、驚門に丙奇和し、杜門に丁奇害するが如し、下に天六陰三とあれば、中の輪子九天を乾六宮に移せば、大陰は震三宮に移り、地七合四とありて、九地は兌七宮に、六合は巽四宮に移るが如し、而して芮五死一とあり、天芮の輪子を坤宮に(五は坤に寄す)移して、直符と爲し、死門は坎一宮に在りて、直使と爲すなり。

又同節にて、戊の日、癸の日に、卯の時の局面を知らんと欲すれば、同局の中、戊癸の日、半夜壬子の時に起るとある下を見れば、乙卯にして、此表、記する所に從ひ、同盤内の輪子景門を巽宮に移せば、傷門は艮宮に、開門は兌宮に移り、傷門に丙奇あり、開門に丁奇あり、下に天四陰七とあれば、中の輪子九天を巽四宮に移せば、大陰は兌七宮に移り、地三合六とありて、九地は震三宮に、六合は乾六宮に移るが如し、而して心九開七とあれば、天心を離九宮に移して、直符と爲し、開門は兌七宮に在りて、直使と爲すなり。

又夏至後、或は白露・寒露・立冬の節、丁の日、又壬の日、巳の時の局面を知らんと欲すれば、陰遁九局中、丁壬の日、半夜庚子の時に起るとある下を見れば、乙巳の時にして、前記陽遁の例に從ひ、此表、記する所に從ひ、圓盤内の輪子開門を坤宮に移せば、死門は巽宮に、傷門は坎宮に移り、開門に丙奇あり、傷門に乙奇あり、下に天八陰七とあれば、中の輪子九天を艮八宮に移せば、大陰は兌七宮に移り、地三合一とありて、九地は震三宮、六合は坎一宮に移るが如し、而して禽一死四とあれば、天禽を坎一宮に移して、直符と爲し、死門は巽四宮にありて、直使と爲すなり。

又大暑・秋分・處暑・大雪の節、甲の日、又己の日、辰の時の局面を知らんと欲すれば、陰遁七局中、甲己の日、半夜甲子の時に起るとあるの下を見れば、戊辰の時にして、前例に隨ひ、休門を離宮に移し、九天を乾六宮に移し、又天柱を兌七宮に移して、直符と爲し、驚門を直使と爲すが如く、他皆其節氣の下を見て、之を求むべし。

陽遁一局

甲己の日半夜甲子の時に起る

甲子　己卯　冬至上　甲午　己酉

己巳　甲申　清明中　己亥　甲寅

蓬直符　休直使

甲子	蓬休	一一	生艮	景離	驚兌	天六 地七	陰三 合四
丙寅	蓬休	八三	休震	杜坤	死乾	天一 地六	陰四 合九
戊辰	蓬遁休	三五五	景艮	開離	生兌	天六 地七	陰三 合四
庚午	蓬休	三七	死巽	休兌	傷坎	天八 地一	陰九 合二
壬申	蓬休	五九	傷兌	死艮	開巽	天九 地四	陰六 合一
甲戌	芮直符一	死直使二	景離	生艮	驚兌	天九 地四	陰六 合一

甲子　己卯　驚蟄上　甲午　己酉

己巳　甲申　立夏中　己亥　甲寅

蓬直符　休直使

乙丑	蓬休	九二	休坤	杜坎	死震	天四 地三	陰七 合六
丁卯	蓬休	七四	景乾	開震	生離	天二 地九	陰一 合八
己巳	蓬休	二六	開兌	傷艮	景巽	天九 地四	陰六 合一
辛未	蓬休	四八	杜離	驚乾	休艮	天三 地八	陰二 合七
癸酉	蓬休	六一	休坎	杜巽	死坤	天七 地二	陰八 合三
乙亥	芮死	九三	驚巽	杜坎	休坤	天四 地三	陰七 合六

陽遁一局

乙庚の日半夜丙子の時に起る

冬至上　乙丑　庚辰　乙未　庚戌

清明中　乙酉　庚子　乙卯　庚午

芮直符　死直使

丙子	戊寅	庚辰	壬午	甲申	丙戌
芮死	芮死	芮死	芮死	衝符傷使	衝避傷
八四	一六	三八	五一	三三	八五五
傷坎	死乾	死艮	生離	生艮	死坎
開坤	傷離	傷兌	驚艮	景離	休巽
景震	開艮	開巽	杜兌	驚兌	傷坤
天一地六	天六地七	天八地一	天六地七	天八地一	天一地六
陰四合九	陰三合四	陰九合二	陰三合四	陰九合二	陰四合九

驚蟄上　乙丑　庚辰　乙未　庚戌

立夏中　乙酉　庚子　乙卯　庚午

芮直符　死直使

丁丑	己卯	辛巳	癸未	乙酉	丁亥
芮死	芮死	芮死	芮死	衝傷	衝傷
七五	二七	四九	六二	九四	七六
死坤	杜離	杜震	驚兌	傷巽	休坤
傷震	休艮	休乾	杜巽	死兌	杜坎
開乾	死兌	死離	休坎	開坎	死震
天二地九	天九地四	天三地八	天七地二	天四地三	天二地九
陰一合八	陰六合一	陰二合七	陰八合三	陰七合六	陰一合八

陽遁一局

丙辛の日半夜戊子の時に起る

丙寅 辛巳　**冬至上**　丙申 辛亥

丙辰 辛未　**清明中**　丙戌 辛丑

衝直符　傷直使

戊子	衝傷 一七	杜乾	驚震	休離	天六 地七	陰三 合四
庚寅	衝傷 三九	開艮	傷離	景兌	天八 地一	陰九 合二
壬辰	衝傷 五二	生離	景乾	驚艮	天九 地四	陰六 合一
甲午	輔直符四 杜直使四	景坤	生震	驚乾	天三 地八	陰二 合七
丙申	輔杜 八六	驚震	杜乾	休離	天一 地六	陰四 合九
戊戌	輔杜 一八	杜艮	休兌	死巽	天六 地七	陰三 合四

丙寅 辛巳　**驚蟄上**　丙申 辛亥

丙辰 辛未　**立夏中**　丙戌 辛丑

衝直符　傷直使

己丑	衝傷 二八	死離	休乾	傷艮	天九 地四	陰六 合一
辛卯	衝傷 四一	景震	開坤	杜艮	天三 地八	陰二 合七
癸巳	衝傷 六三	驚兌	生艮	杜巽	天七 地二	陰八 合三
乙未	輔避杜 九五五	杜坤	休震	死乾	天四 地三	陰七 合六
丁酉	輔杜 七七	景乾	生離	驚艮	天二 地九	陰一 合八
己亥	輔杜 二九	死兌	傷巽	開坎	天九 地四	陰六 合一

陽遁一局

丁壬の日半夜庚子の時に起る

丁卯 壬午 冬至上 丁酉 壬子

丁亥 壬申 清明中 丁巳 壬寅

輔直符 杜直使

庚子	壬寅	甲辰	丙午	戊申	庚戌
輔杜	輔杜	禽直符五 避五 死直使五	禽死	禽死	禽死
三一	五三		八七	一九	三二
驚巽	開兌	驚兌	生震	傷艮	杜巽
杜坎	景巽	景離	開坎	休乾	生艮
休坤	生坎	生艮	景坤	死離	驚兌
天八地一	天九地四	天九地四	天一地六	天六地七	天八地一
陰九合二	陰六合一	陰六合一	陰四合九	陰三合四	陰九合二

丁卯 壬午 驚蟄上 丁酉 壬子

丁亥 壬申 立夏中 丁巳 壬寅

輔直符 杜直使

辛丑	癸卯	乙巳	丁未	己酉	辛亥
輔杜	輔杜	禽死	禽死	禽死	禽死
四二	六四	九六	七八	二一	四三
傷離	休坎	杜坤	杜乾	杜兌	開離
開艮	死坤	驚坎	生坤	生離	死震
景兌	傷震	休震	驚震	驚艮	傷乾
天三地八	天七地二	天四地三	天二地九	天九地四	天三地八
陰二合七	陰八合三	陰七合六	陰一合八	陰六合一	陰二合七

陽遁一局

戊癸の日半夜壬子の時に起る

戊辰 癸未 **冬至上** 戊戌 癸丑

戊子 癸卯 **清明中** 戊午 癸酉

禽直符　死直使

壬子	禽五 死四	休兌	驚離	杜艮	天九 地四	陰六 合一
甲寅	心直符六 開直使六	驚兌	景離	生艮	天七 地二	陰八 合三
丙辰	心八 開八	驚坎	景兌	生巽	天一 地六	陰四 合九
戊午	心一 開一	驚乾	景坤	生震	天六 地七	陰三 合四
庚申	心三 開三	驚艮	景乾	生離	天八 地一	陰九 合二
壬戌	心五 避五 開五	驚離	景震	生乾	天九 地四	陰六 合一

戊辰 癸未 **驚蟄上** 戊戌 癸丑

戊子 癸卯 **立夏中** 戊午 癸酉

禽直符　死直使

癸丑	禽六 避五 死五	休坎	驚兌	杜巽	天七 地二	陰八 合三
乙卯	心九 開七	景巽	傷艮	開兌	天四 地三	陰七 合六
丁巳	心七 開九	休坤	驚巽	杜坎	天二 地九	陰一 合八
己未	心二 開二	驚離	景震	生乾	天九 地四	陰六 合一
辛酉	心四 開四	驚震	景坎	生坤	天三 地八	陰二 合七
癸亥	心六 開六	驚兌	景離	生艮	天七 地二	陰八 合三

陽遁二局

甲巳の日半夜甲子の時に起る

甲子　己卯　**小寒上**　甲午　己酉

己亥　甲申　**穀雨中**　己巳　甲寅

芮直符　死直使

甲子	芮二 死二	景離	休坎	生艮	天九 地四	陰六 合一
丙寅	芮九 死四	死巽	生乾	傷坎	天四 地三	陰七 合六
戊辰	芮二 死六	傷離	驚坎	開艮	天九 地四	陰六 合一
庚午	芮四 死八	驚震	傷兌	杜乾	天三 地八	陰二 合七
壬申	芮六 死一	杜兌	開震	休巽	天七 地二	陰八 合三
甲戌	衝直符三 傷直使三	休坎	景離	生艮	天八 地一	陰九 合二

甲子　己卯　**立春下**　甲午　己酉

己亥　甲申　**小滿中**　己亥　甲寅

芮直符　死直使

乙丑	芮一 死三	傷乾	驚巽	開離	天六 地七	陰三 合四
丁卯	芮八 死五 避五	休坎	景離	死坤	天一 地六	陰四 合九
己巳	芮三 死七	休艮	景坤	死兌	天八 地一	陰九 合二
辛未	芮五 死九	死離	生坎	傷艮	天九 地四	陰六 合一
癸酉	芮七 死二	死坤	生艮	傷震	天二 地九	陰一 合八
乙亥	衝一 傷四	死兌	生震	驚乾	天六 地七	陰三 合四

陽遁二局

乙庚の日半夜丙子の時に起る

小寒上　乙丑　庚辰　乙未　庚戌
穀雨中　庚午　乙酉　庚子　乙卯

衝直符　傷直使

時	星・門	宮				天地	陰合
丙子	衝避傷	九五五	開震	杜兌	休巽	天四地三	陰七合六
戊寅	衝傷	二七	開巽	杜乾	休離	天九地四	陰六合一
庚辰	衝傷	四九	開艮	杜坤	休震	天三地八	陰二合七
壬午	衝傷	六二	傷坤	驚艮	杜兌	天七地二	陰八合三
甲申	輔杜 直符直使	四四	景離	休坎	生艮	天三地八	陰二合七
丙戌	輔杜	九六	生坤	死艮	驚震	天四地三	陰七合六

立春下　乙丑　庚辰　乙未　庚戌
小満中　庚午　乙酉　庚子　乙卯

衝直符　傷直使

時	星・門	宮				天地	陰合
丁丑	衝傷	八六	傷乾	驚巽	杜坎	天一地六	陰四合九
己卯	衝傷	三六	生坎	死離	傷艮	天八地一	陰九合二
辛巳	衝傷	五一	死巽	生乾	驚離	天九地四	陰六合一
癸未	衝傷	七三	景離	休坎	死坤	天二地九	陰一合八
乙酉	輔避杜	一五五	開艮	杜坤	景兌	天六地七	陰三合四
丁亥	輔杜	八七	開震	杜兌	景乾	天一地六	陰四合九

陽遁二局

丙辛の日半夜戊子の時に起る

丙寅 辛巳 小寒上 丙申 辛亥

辛未 丙戌 穀雨中 辛丑 丙辰

輔直符 杜直使

戊子	庚寅	壬辰	甲午	丙申	戊戌
輔杜	輔杜	輔杜	禽直符 避 死直使	禽死	禽死
二八	四一	六三	五 五 九	九七	二九
休兌	開離	生坎	休坎	驚乾	生坎
景震	杜坎	死離	景離	傷巽	死離
死巽	景艮	驚坤	生艮	開坎	傷艮
天九地四	天三地八	天七地二	天九地四	天四地三	天九地四
陰六合一	陰二合七	陰八合三	陰六合一	陰七合六	陰六合一

丙寅 辛巳 立春下 丙申 辛亥

辛未 丙戌 小滿中 辛丑 丙辰

輔直符 杜直使

己丑	辛卯	癸巳	乙未	丁酉	己亥
輔杜	輔杜	輔杜	禽死	禽死	禽死
三九	五二	七四	一六	一八	三四
傷巽	景兌	開乾	生巽	休離	傷坤
驚乾	休震	杜巽	死乾	景坎	驚艮
開坎	生巽	景離	傷離	生坤	杜兌
天八地一	天九地四	天二地九	天六地七	天六地七	天八地一
陰九合二	陰六合一	陰一合八	陰三合四	陰三合四	陰九合二

陽遁二局　丁壬の日半夜庚子の時に起る

丁卯 壬午 **小寒上** 丁酉 壬子

壬申 丁亥 **穀雨中** 壬寅 丁巳

禽直符　死直使

庚子	禽死	四二	驚兌	傷震	開乾	天三地八	陰二合七
壬寅	禽死	六四	景震	休兌	死巽	天七地二	陰八合三
甲辰	心開 直符直使	六六	生艮	休坎	景離	天七地二	陰八合三
丙午	心開	九八	景兌	杜坤	開艮	天四地三	陰七合六
戊申	心開	二一	驚乾	死兌	生震	天九地四	陰六合一
庚戌	心開	四三	傷坤	生離	死坎	天三地八	陰二合七

丁丑 壬辰 **立春下** 丁未 壬戌

壬申 丁亥 **小滿中** 壬寅 丁巳

禽直符　死直使

辛丑	禽死	五三	杜坎	開離	景艮	天九地四	陰六合一
癸卯	禽避死	七五五	生艮	死坤	傷震	天二地九	陰一合八
乙巳	心開	一七	杜震	傷艮	驚坤	天六地七	陰三合四
丁未	心開	八九	驚巽	死震	生兌	天一地六	陰四合九
己酉	心開	三二	驚離	死巽	生乾	天八地一	陰九合二
辛亥	心開	五四	杜乾	傷兌	驚震	天九地四	陰六合一

陽遁二局

戊癸の日半夜壬子の時に起る

戊辰 癸未 **小寒上** 戊戌 癸丑

癸酉 戊子 **穀雨中** 癸卯 戊午

心直符 開直使

壬子	心避開	六五五	杜艮	傷坎	驚離	天七 地二	陰八 合二
甲寅	休直符七 輔 驚直使七		生艮	休坎	景離	天一 地九	陰一 合八
丙辰	杜驚	九九	生乾	休兌	景震	天四 地三	陰七 合六
戊午	杜驚	二四	生兌	休坤	景艮	天九 地四	陰六 合一
庚申	杜驚	四四	生坎	休乾	景巽	天二 地八	陰一 合七
壬戌	杜驚	六六	生震	休艮	景坤	天七 地一	陰八 合三

戊寅 癸巳 **立春下** 戊申 癸亥

癸酉 戊子 **小満中** 癸卯 戊午

心直符 開直使

癸丑	心開	七六	休坎	開乾	杜巽	天二 地九	陰一 合八
乙卯	杜驚	一八	休巽	開震	杜兌	天六 地七	陰三 合四
丁巳	杜驚	八一	傷離	生巽	死乾	天一 地六	陰四 合九
己未	杜驚	三三	生坤	休離	景坎	天八 地一	陰九 合二
辛酉	杜避驚	五五五	生坎	休乾	景巽	天九 地四	陰六 合一
癸亥	杜驚	七七	生艮	休坎	景離	天一 地九	陰一 合八

陽遁三局

甲巳の日半夜甲子の時に起る

甲子 己卯 大寒上 甲午 己卯

己丑 甲戌 雨水下 己亥 甲申

衝直符 傷直使

甲子	衝傷	三三	休坎	死坤	景離	天八地一	陰九合二
丙寅	衝避傷	一五五	杜兌	休巽	開震	天六地七	陰三合四
戊辰	衝傷	三七	景坎	生坤	休離	天八地一	陰九合二
庚午	衝傷	五九	生巽	驚坎	死乾	天九地四	乾六合一
壬申	衝傷	七二	生離	驚艮	死坎	天二地九	陰一合八
甲戌	輔直符四 杜直使四		死坤	休坎	景離	天三地八	陰二合七

甲子 己卯 春分上 甲午 己酉

己亥 甲申 芒種中 己巳 甲寅

衝直符 傷直使

乙丑	衝傷	二四	傷巽	開坎	驚乾	天九地四	陰六合一
丁卯	衝傷	九六	死震	傷乾	生兌	天四地三	陰七合六
己巳	衝傷	四八	傷艮	開兌	驚坤	天三地八	陰二合七
辛未	衝傷	六一	開坤	景震	杜艮	天七地二	陰八合一
癸酉	衝傷	八三	開乾	景離	杜巽	天一地六	陰四合九
乙亥	輔避杜	三五五	死乾	休震	景兌	天九地四	陰六合一

陽遁三局

乙庚の日半夜丙子の時に起る

大寒上　乙丑　庚辰　／　乙未　庚戌

雨水下　庚寅　乙亥　／　庚申　乙巳

輔直符　杜直使

丙子	輔杜	一八	驚震	生坤	死艮	天六地七	陰三合四
戊寅	輔杜	三八	驚離	生乾	死巽	天八地一	陰九合二
庚辰	輔杜	五一	傷乾	死震	生兌	天九地四	陰六合一
壬午	輔杜	七三	生坎	景巽	休乾	天二地九	陰一合八
甲申	禽直符五 避五 死直死五		休坎	死坤	景離	天九地四	陰六合一
丙戌	禽死	一一	傷巽	開坎	驚乾	天六地七	陰三合四

春分上　乙乙　庚辰　／　乙未　庚戌

芒種中　庚午　乙酉　／　庚子　乙卯

輔直符　杜直使

丁丑	輔杜	九七	傷坤	驚艮	杜兌	天四地三	陰七合六
己卯	輔杜	四九	杜離	開坎	景坤	天三地八	陰二合七
辛巳	輔杜	六二	驚坎	傷離	開艮	天七地二	陰八合三
癸未	輔杜	八四	傷震	驚兌	杜巽	天一地六	陰四合九
乙酉	禽死	三六	傷離	杜坤	驚坎	天九地四	陰六合一
丁亥	禽死	九八	開巽	休離	杜乾	天四地七	陰七合六

陽遁三局

丙辛の日半夜戊子の時に起る

丙寅 辛巳 大寒上 丙申 辛亥

辛卯 丙子 雨水下 辛酉 丙午

禽直符 死直使

戊子	禽三 死九	驚坤	杜震	傷艮	天八 地一	陰九 合二
庚寅	禽五 死二	休坎	死坤	景離	天九 地四	陰六 合一
壬辰	禽七 死四	杜艮	休兌	開坤	天二 地九	陰一 合八
甲午	心直符六 開直使六	死坤	休坎	景離	天七 地二	陰八 合三
丙申	心一 開八	景兌	開艮	杜坤	天六 地七	陰三 合四
戊戌	心三 開一	開坎	傷巽	驚乾	天八 地一	陰九 合二

丙寅 辛巳 春分上 丙申 辛亥

辛卯 丙子 芒種中 辛未 丙辰

禽直符 死直使

己丑	禽四 死一	杜坎	休坤	開離	天三 地八	陰二 合七
辛卯	禽六 死三	死震	傷乾	生兌	天七 地二	陰八 合三
癸巳	禽八 避五 死五	景離	生艮	休坎	天一 地六	陰四 合九
乙未	心二 開七	景巽	開兌	杜震	天九 地四	陰六 合一
丁酉	心九 開九	死震	休坤	景艮	天四 地三	陰七 合六
己亥	心四 開二	杜艮	驚離	傷坎	天三 地八	陰二 合七

陽遁三局　丁壬の日半夜庚子の時に起る

丁卯 壬午 **大寒上** 丁酉 壬子

壬辰 丁丑 **雨水下** 壬戌 丁未

心直符　開直使

庚子	心開	五三	休巽	杜兌	開震	天九 地四	陰六 合一
壬寅	心避開	七五五	驚離	生乾	死巽	天二 地九	陰一 合八
甲辰	杜直符七 驚直使七		景離	死坤	休坎	天二 地九	陰一 合八
丙午	杜驚	一九	休兌	生乾	景震	天六 地七	陰二 合四
戊申	杜驚	三二	生坎	傷艮	死離	天八 地一	陰九 合二
庚戌	杜驚	五四	驚巽	開離	傷乾	天九 地四	陰六 合一

丁卯 壬午 **春分上** 丁酉 壬子

壬辰 丁丑 **芒種中** 壬寅 丁亥

心直符　開直使

辛丑	心開	六四	生坤	景坎	休離	天七 地三	陰八 合三
癸卯	心開	八六	開乾	傷震	驚兌	天一 地六	陰四 合九
乙巳	杜驚	二八	休巽	生離	景乾	天九 地四	陰六 合一
丁未	杜驚	九一	休震	生巽	景兌	天四 地二	陰七 合六
己酉	杜驚	四三	死艮	驚震	生坤	天二 地八	陰二 合七
辛亥	杜避驚	六五五	驚坤	開兌	傷艮	天七 地二	陰八 合三

陽遁三局

戊癸の日半夜壬子の時に起る

戊辰 癸未 大寒上 戊戌 癸丑

癸巳 戊寅 雨水下 癸亥 戊申

杜直符 驚直使

壬子	柱七 驚六	杜離	景坤	開坎	天二 地九	陰一 合八
甲寅	柱直符八 輔 生直使八	景離	死坤	休坎	天一 地六	陰四 合九
丙辰	任一 生一	景巽	死離	休乾	天六 地七	陰三 合四
戊午	任三 生三	景坤	死兌	休艮	天八 地一	陰九 合二
庚申	任五 避五 生五	景坎	死艮	休離	天九 地四	陰六 合一
壬戌	任七 生七	景艮	死震	休巽	天二 地九	陰一 合八

戊辰 癸未 春分上 戊戌 癸丑

癸酉 戊子 芒種中 癸卯 戊午

杜直符 驚直使

癸丑	柱八 驚七	開乾	休坎	杜巽	天一 地六	陰四 合九
乙卯	任二 生九	死坎	驚艮	生離	天九 地四	陰六 合一
丁巳	任九 生二	杜乾	景坎	開巽	天四 地三	陰七 合六
己未	任四 生四	景兌	死乾	休震	天三 地八	陰二 合七
辛酉	任六 生六	景震	死巽	休兌	天七 地二	陰八 合三
癸亥	任八 生八	景離	死坤	休坎	天一 地六	陰四 合九

陽遁四局

甲巳の日半夜甲子の時に起る

甲戌 己丑 冬至下 甲辰 己未

甲子 己卯 清明上 甲午 己酉

輔直符 杜直使

甲子	輔四 杜四	死坤	傷震	休坎	天三 地八	陰二 合七
丙寅	輔二 杜六	杜乾	休離	驚震	天九 地四	陰六 合三
戊辰	輔四 杜八	開坤	景震	傷坎	天三 地八	陰二 合七
庚午	輔六 杜一	景艮	生兌	開離	天七 地二	陰八 合三
壬申	輔八 杜三	景巽	生坎	開兌	天一 地六	陰四 合九
甲戌	禽直符五 避五 死直使五	傷震	死坤	休坎	天九 地四	陰六 合二

甲戌 己丑 驚蟄下 甲辰 己未

甲子 己卯 立夏上 甲午 己酉

輔直符 杜直使

乙丑	輔三 避五 杜五	傷離	開艮	死乾	天八 地一	陰九 合二
丁卯	輔三 杜七	開震	景乾	傷坤	天六 地七	陰二 合四
己巳	輔五 杜九	驚乾	杜離	生震	天九 地四	陰六 合一
辛未	輔七 杜二	驚坎	杜坤	生巽	天二 地九	陰一 合八
癸酉	輔九 杜四	驚兌	杜巽	生艮	天四 地三	陰七 合六
乙亥	禽三 死六	死乾	休震	杜坤	天八 地一	陰九 合二

陽遁四局

乙庚の日半夜丙子の時に起る

乙亥 庚寅 冬至下 乙巳 庚申

庚辰 乙丑 清明上 庚戌 乙未

禽直符 死直使

丙子	禽死	二七	生震	景坤	開坎	天九 地四	陰六 合一
戊寅	禽死	四九	生坎	景巽	開兌	天三 地八	陰二 合七
庚辰	禽死	六二	景離	開乾	傷震	天七 地二	陰八 合三
壬午	禽死	八四	休兌	杜艮	驚離	天一 地六	陰四 合九
甲申	心直符六 開直使六		死離	傷震	休坎	天七 地二	陰八 合三
丙戌	心開	二八	生巽	驚坎	景兌	天九 地四	陰六 合一

乙亥 庚寅 驚蟄下 乙巳 庚申

庚辰 乙丑 立夏上 庚戌 乙未

禽直符 死直使

丁丑	禽死	一八	生坤	景坎	開巽	天六 地七	陰三 合四
己卯	禽死	五一	開震	傷坤	死坎	天九 地四	陰六 合一
辛巳	禽死	七三	驚巽	生兌	景艮	天二 地九	陰一 合八
癸未	禽避死	九五五	生艮	景離	開乾	天四 地三	陰七 合六
乙酉	心開	三七	生坎	驚坤	景巽	天八 地一	陰九 合二
丁亥	心開	一九	生兌	驚巽	景艮	天六 地七	陰三 合四

陽遁四局

丙辛の日半夜戊子の時に起る

丙子 辛卯 冬至下 丙午 辛酉

辛巳 丙寅 清明上 辛亥 丙申

心直符 開直使

戊子	心開	四一	休艮	死兌	杜離	天二地七	陰三合八
庚寅	心開	六三	傷坤	開震	死坎	天七地二	陰八合三
壬辰	心避開	八五五	生乾	驚離	景震	天一地六	陰四合一
甲午	杜直符 驚直使	七七	傷震	死坤	休坎	天二地九	陰一合八
丙申	杜驚	二九	杜艮	驚離	生乾	天九地四	陰六合一
戊戌	杜驚	四二	休乾	杜震	驚坤	天三地八	陰二合七

丙子 辛卯 驚蟄下 丙午 辛酉

辛巳 丙寅 立夏上 辛亥 丙申

心直符 開直使

己丑	心開	五二	死巽	傷坎	休兌	天九地四	陰六合一
辛卯	心開	七四	休離	死艮	杜乾	天二地九	陰一合八
癸巳	心開	九六	傷震	開乾	死坤	天四地三	陰七合六
乙未	杜驚	三八	杜兌	驚艮	生離	天八地一	陰九合二
丁酉	杜驚	一一	傷離	死乾	休震	天六地七	陰三合四
己亥	杜驚	五三	死艮	休離	杜乾	天九地四	陰六合一

陽遁四局

丁壬の日半夜庚子の時に起る

丁丑 壬辰 冬至下 丁未 壬戌

壬午 丁卯 清明上 壬子 丁酉

杜直符 驚直使

庚子	杜驚	六四	驚巽	生兌	景艮	天七地二	陰八合三
壬寅	杜驚	八六	景坤	開坎	傷巽	天一地六	陰四合九
甲辰	任直符八 生直使八		休坎	傷震	死坤	天一地六	陰四合九
丙午	任生	二一	死離	開兌	傷艮	天九地四	陰六合一
戊申	任生	四三	生震	杜離	驚乾	天三地八	陰二合七
庚戌	任避生	六五五	傷兌	景坎	開巽	天七地二	陰八合三

丁丑 壬辰 驚蟄下 丁未 壬戌

壬午 丁卯 立夏上 壬子 丁酉

杜直符 驚直使

辛丑	杜避驚	七五五	杜震	驚坤	生坎	天二地九	陰一合八
癸卯	杜驚	九七	休坎	杜巽	驚兌	天四地三	陰七合六
乙巳	任生	三九	驚艮	休巽	杜兌	天八地一	陰九合二
丁未	任生	一二	杜乾	死艮	休離	天六地七	陰三合四
己酉	任生	五四	傷離	景兌	開艮	天九地四	陰六合一
辛亥	任生	七六	開坤	生乾	景震	天二地九	陰一合八

陽遁四局　戊癸の日半夜壬子の時に起る

冬至下　戊寅　癸巳　戊辰　癸亥

清明上　癸未　戊辰　癸丑　戊戌

任直符　生直使

壬子	任八	生七	杜坎	死震	休坤	天一 地六	陰四 合九
甲寅	英直符九 輔	景直使九	休坎	傷震	死坤	天四 地三	陰七 合六
丙辰	英二	景二	休艮	傷巽	死兌	天九 地四	陰六 合一
戊午	英四	景四	休乾	傷艮	死離	天三 地八	陰二 合七
庚申	英六	景六	休巽	傷坤	死坎	天七 地一	陰八 合三
壬戌	英八	景八	休坤	傷乾	死震	天一 地六	陰四 合九

驚蟄下　癸亥　癸巳　戊申　癸亥

立夏上　癸未　戊辰　癸丑　戊戌

任直符　生直使

癸丑	任九	生八	杜巽	死坤	休坎	天四 地三	陰七 合六
乙卯	英二	景一	傷兌	景坎	開巽	天八 地一	陰九 合二
丁巳	英一	景三	驚離	休兌	杜艮	天六 地七	陰三 合四
己未	英五 避五	景五	休艮	傷巽	死兌	天九 地四	陰六 合一
辛酉	英七	景七	休震	傷離	死乾	天二 地九	陰一 合八
癸亥	英九	景九	休坎	傷震	死坤	天四 地三	陰七 合六

陽遁五局

甲己の日半夜甲子の時に起る

甲戌 己丑 小寒下 甲辰 己未

甲子 己卯 穀雨上 甲午 己酉

禽直符 死直使

甲子	禽五 避五 死五	傷震	杜巽	死坤	天九 地四	陰六 合一
丙寅	禽三 死七	驚乾	開坎	生震	天八 地一	陰九 合二
戊辰	禽五 死九	杜震	景巽	驚坤	天九 地四	陰六 合一
庚午	禽七 死二	杜巽	景離	驚兌	天二 地九	陰一 合六
壬申	禽九 死四	杜艮	景震	驚離	天四 地三	陰七 合六
甲戌	心直符六 開直使六	杜巽	傷震	死坤	天七 地二	陰八 合三

甲申 己巳 立春中 甲寅 己亥

甲子 己卯 小満上 甲午 己酉

禽直符 死直使

乙丑	禽四 死六	驚坎	開艮	生巽	天三 地八	陰三 合七
丁卯	禽二 死八	驚震	開巽	生坤	天九 地四	陰六 合一
己巳	禽六 死一	生離	傷坤	景乾	天七 地二	陰八 合三
辛未	禽八 死三	生兌	傷乾	景艮	天一 地六	陰四 合九
癸酉	禽一 避五 死五	死坤	驚兌	休坎	天六 地七	陰二 合四
乙亥	心四 開七	休乾	開兌	傷艮	天三 地八	陰二 合七

陽遁五局

乙庚の日半夜丙子の時に起る

乙亥 庚寅
小寒下
乙巳 庚申

庚辰 乙丑
穀雨上
庚戌 乙未

心直符　開直使

丙子	戊寅	庚辰	壬午	甲申	丙戌
心開	心開	心開	心避開	杜直符七 驚直使七	杜驚
三八	五一	七三	九五五		三九
景兌	休艮	開震	傷坤	傷震	休兌
杜坤	開坎	驚艮	生離	杜巽	生乾
驚坎	傷巽	生離	景乾	死坤	杜艮
天八地一	天九地四	天二地九	天四地三	天二地九	天八地一
陰九合三	陰六合一	陰一合八	陰七合六	陰一合八	陰九合二

乙酉 庚午
立春中
乙卯 庚子

庚辰 乙丑
小滿上
庚戌 乙未

心直符　開直使

丁丑	己卯	辛巳	癸未	乙酉	丁亥
心開	心開	心開	心開	杜驚	杜驚
二九	六二	八四	一六	四八	二一
景艮	死巽	生坤	景離	景乾	開艮
杜坎	景震	休離	杜巽	死坎	休震
驚巽	開坤	杜乾	驚兌	開震	傷離
天九地四	天七地二	天一地六	天六地七	天三地八	天九地四
陰六合一	陰八合三	陰四合九	陰三合四	陰二合七	陰六合一

陽遁五局

丙辛の日半夜戊子の時に起る

丙子 辛卯 小寒下 丙午 辛酉

辛巳 丙寅 穀雨上 辛亥 丙申

丙戌 辛未 立春中 丙辰 辛丑

辛巳 丙寅 小満上 辛亥 丙申

杜直符　驚直使

戊子	杜驚	五二	傷艮	杜震	死離	天九地四	陰六合一
庚寅	杜驚	七四	死震	驚巽	休坤	天二地九	陰一合八
壬辰	杜驚	九六	開坎	休艮	傷巽	天四地三	陰七合六
甲午	任直符生直使	八八	杜巽	傷震	死坤	天一地六	陰四合九
丙申	任生	三一	死離	景巽	開兌	天八地一	陰九合二
戊戌	任生	五三	驚乾	死兌	休艮	天九地四	陰六合一

杜直符　驚直使

己丑	杜驚	六三	開巽	休離	傷兌	天七地二	陰八合三
辛卯	杜遯驚	八五五	驚坤	開兌	生坎	天一地六	陰四合九
癸巳	杜驚	一七	景離	死坤	開乾	天六地七	陰三合四
乙未	任生	四九	傷坤	生離	景乾	天三地八	陰二合七
丁酉	任生	二二	杜乾	傷兌	死艮	天九地四	陰六合一
己亥	任生	六四	開艮	驚坎	生巽	天七地二	陰八合一

陽遁五局

丁壬の日半夜庚子の時に起る

小寒下　丁未　壬辰　丁丑　壬戌

穀雨上　壬午　丁卯　壬子　丁酉

任直符　生直使

庚子	任避生 七五五	景坎	杜乾	驚震	天二地九	陰一合八
壬寅	任生 九七	生兌	休坤	杜坎	天四地三	陰七合六
甲辰	芮直符九 景直使九	死坤	杜巽	傷震	天四地三	陰七合六
丙午	英景 三二	傷巽	休艮	開坎	天八地一	陰九合二
戊申	英景 五四	開兌	死離	景巽	天九地四	陰六合一
庚戌	英景 七六	景乾	傷坤	生離	天二地九	陰一合八

立夏中　丁亥　壬申　丁巳　壬寅

小滿上　壬午　丁卯　壬子　丁酉

任直符　生直使

辛丑	任生 八六	死巽	景震	開坤	天一地六	陰四合九
癸卯	任生 一八	傷震	生艮	景離	天六地七	陰三合四
乙巳	英景 四一	休離	驚震	死艮	天三地八	陰二合七
丁未	英景 二三	休離	驚震	死艮	天九地四	陰六合一
己酉	英避景 六五五	開坎	死兌	景坤	天七地二	陰八合三
辛亥	英景 八七	休震	驚坎	死乾	天一地六	陰四合九

陽遁五局

戊癸の日半夜壬子の時に起る

戊寅 癸巳 小寒下 戊申 癸亥

癸未 戊辰 穀雨上 癸丑 戊戌

英直符　景直使

時	星・門				天地	陰合
壬子	英九 景八	休坤	驚巽	死震	天四 地三	陰七 合六
甲寅	蓬直符一 輔 休直使一	死坤	杜巽	傷震	天六 地七	陰三 合四
丙辰	蓬三 休三	死乾	杜坤	傷離	天八 地一	陰九 合二
戊午	蓬五 遁五 休五	死離	杜震	傷艮	天九 地四	陰六 合一
庚巾	蓬七 休七	死巽	杜艮	傷坎	天二 地九	陰一 合八
壬戌	蓬九 休九	死艮	杜乾	傷兌	天四 地三	陰七 合六

戊子 癸酉 立春中 戊午 癸卯

癸丑 戊戌 小滿上 癸丑 戊戌

英直符　景直使

時	星・門				天地	陰合
癸丑	英一 景九	生艮	開乾	驚兌	天六 地七	陰三 合四
乙卯	蓬四 休二	杜坎	生兌	休坤	天三 地八	陰二 合七
丁巳	蓬二 休四	開震	死坎	景乾	天九 地四	陰六 合一
己未	蓬六 休六	死離	杜震	傷艮	天七 地二	陰八 合三
辛酉	蓬八 休八	死兌	杜離	傷巽	天一 地六	陰四 合九
癸亥	蓬一 休一	死坤	杜巽	傷震	天六 地七	陰三 合四

陽遁六局

甲巳の日半夜甲子の時に起る

甲辰己丑 大寒下 甲戌己未

巳己甲甲 雨水中 己亥甲寅

心直符 開直使

甲子	心開	六六	杜巽	死坤	傷震	天七地二	陰八合三
丙寅	心開	四八	死乾	開艮	景兌	天三地八	陰二合七
戊辰	心開	六一	傷巽	景坤	生震	天七地二	陰八合三
庚午	心開	八三	傷坤	景乾	生離	天一地六	陰四合九
壬申	心避開	一五五	驚離	休兌	死巽	天六地七	陰三合四
甲戌	杜直符七驚直使七		死坤	杜巽	傷震	天二地九	陰一合八

甲辰己丑 春分下 甲戌己未

甲子己卯 芒種上 甲午己酉

心直符 開直使

乙丑	心開	五七	傷艮	景巽	生坎	天九地四	陰六合一
丁卯	心開	三九	生兌	杜坎	休坤	天八地一	陰九合二
己巳	心開	七二	景震	驚離	杜艮	天二地九	陰一合八
辛未	心開	九四	景坎	驚震	杜乾	天四地三	陰七合六
癸酉	心開	二六	生艮	杜巽	休坎	天九地四	陰六合一
乙亥	杜驚	五八	生離	開震	驚艮	天九地四	陰六合二

陽遁六局　乙庚の日夜半丙子の時に起る

乙亥　庚寅　**大寒下**　乙巳　庚申

庚午　乙酉　**雨水中**　庚子　乙卯

乙巳　庚申　**春分下**　乙亥　庚申

庚辰　乙酉　**芒種上**　庚戌　乙未

柱直符　驚直使

丙子	柱驚	四九	景震	傷坎	生乾	天三地八	陰二合七
戊寅	柱驚	六二	開兌	死離	景巽	天七地二	陰八合三
庚辰	柱驚	八四	杜坎	生兌	休坤	天一地六	陰四合九
壬午	柱驚	一六	驚乾	景坤	杜離	天六地七	陰三合四
甲申	任直符八生直使八		杜巽	死坤	傷震	天一地六	陰四合九
丙戌	任生	四一	驚坤	休乾	死離	天三地八	陰一合七

柱直符　驚直使

丁丑	柱驚	三一	開艮	死乾	景兌	天八地一	陰九合二
己卯	柱驚	七三	生坤	開巽	驚震	天二地九	陰一合八
辛巳	柱避驚	九五五	景巽	傷艮	生坎	天四地三	陰七合六
癸未	柱驚	二七	景離	傷震	生艮	天九地四	陰六合一
乙酉	任生	五九	景乾	驚艮	杜兌	天九地四	陰六合一
丁亥	任生	三二	休離	傷兌	開巽	天八地一	陰九合三

陽遁六局

丙辛の日半夜戊子の時に起る

丙子 辛卯 **大寒下** 丙午 辛酉

辛未 丙戌 **雨水中** 辛丑 丙辰

丙子 辛卯 **春分下** 丙午 辛酉

辛巳 丙寅 **芒種上** 辛亥 丙申

任直符　生直使

戊子	任六 生三	休艮	傷巽	開坎	天七 地二	陰八 合三
庚寅	任八 避五 生五	開巽	生坤	驚震	天一 地六	陰四 合九
壬辰	任一 生七	死震	開離	景艮	天六 地七	陰三 合四
甲午	英直符九 景直使九	死坤	杜巽	傷震	天四 地三	陰七 合六
丙申	英四 景二	杜離	生震	休艮	天三 地八	陰二 合七
戊戌	英六 景四	生坎	開兌	驚坤	天七 地二	陰八 合三

任直符　生直使

己丑	任七 生四	驚坎	休震	死乾	天二 地九	陰一 合八
辛卯	任七 生六	休兌	傷坎	開坤	天四 地三	陰七 合六
癸巳	任二 生八	開乾	生艮	驚兌	天九 地四	陰六 合一
乙未	英五 景一	傷兌	休離	開巽	天九 地四	陰六 合一
丁酉	英三 景三	死巽	杜艮	傷坎	天八 地一	陰九 合二
己亥	英七 避五 景五	驚乾	景坤	杜離	天二 地九	陰一 合八

陽遁六局

丁壬の日半夜庚子の時に起る

丁丑 壬辰 大寒下 丁未 壬戌

壬申 丁亥 雨水中 壬寅 丁巳

英直符　景直使

庚子	英景	八六	開震	死坎	景乾	天一地六	陰四合九
壬寅	英景	一八	景艮	傷乾	生兌	天六地七	陰三合四
甲辰	蓬休 直符直使	一一	傷震	死坤	休巽	天六地七	陰三合四
丙午	蓬休	四三	杜坤	驚坎	景兌	天三地八	陰二合七
戊申	蓬避休	六五五	景艮	開離	死震	天七地二	陰八合三
庚戌	蓬休	八七	死巽	休兌	驚離	天一地六	陰四合九

丁丑 壬辰 春分下 丁未 壬戌

壬午 丁卯 芒種上 壬午 丁酉

英直符　景直使

辛丑	英景	九七	杜坤	生巽	休震	天四地三	陰七合六
癸卯	英景	二九	驚兌	景離	杜巽	天九地四	陰六合一
乙巳	蓬休	五二	傷乾	死震	杜坎	天九地四	陰六合一
丁未	蓬休	三四	生離	景乾	傷坤	天八地一	陰九合二
己酉	蓬休	七六	生坎	景巽	傷艮	天二地九	陰一合八
辛亥	蓬休	九八	死兌	休艮	驚乾	天四地二	陰七合六

陽遁六局

戊癸の日半夜壬子の時に起る

戊寅 癸巳 大寒下 戊申 癸亥

癸酉 戊子 雨水中 癸卯 戊午

戊寅 癸巳 春分下 戊申 癸亥

癸未 戊辰 芒種上 癸丑 戊戌

蓬直符 休直使

壬子	甲寅	丙辰	戊午	庚申	壬戌
蓬休	芮直符二 輔 死直使二	芮死	芮死	芮死	芮死
二一		四四	六六	八八	一一
驚震	傷震	傷坎	傷離	傷兌	傷坤
生坤	死坤	死巽	死乾	死艮	死坎
開巽	杜巽	杜艮	杜坤	杜乾	杜兌
天六地七	天九地四	天三地八	天七地二	天一地六	天六地七
陰三合四	陰六合一	陰二合七	陰八合三	陰四合九	陰二合四

蓬直符 休直使

癸丑	乙卯	丁巳	己未	辛酉	癸亥
蓬休	芮死	芮避死	芮死	芮死	芮死
二一	五三	三五五	七七	九九	二二
開乾	死震	開乾	傷巽	傷艮	傷震
傷震	休坤	傷震	死兌	死離	死坤
休坎	驚巽	杜坎	杜離	杜震	杜巽
天九地四	天九地四	天八地一	天二地九	天四地三	天九地四
陰九合一	陰六合一	陰九合二	陰一合八	陰七合六	陰六合一

陽遁七局

甲己の日半夜甲子の時に起る

己巳 甲申 冬至中 己亥 甲寅

甲戌 己丑 清明下 甲辰 己未

柱直符 驚直使

甲子	柱七 驚七	死坤	開乾	杜巽	天二 地九	陰一 合八
丙寅	柱五 驚九	驚離	休兌	景震	天九 地四	陰六 合一
戊辰	柱七 驚二	驚坤	休乾	景巽	天二 地九	陰一 合八
庚午	柱九 驚四	驚巽	休坤	景艮	天四 地三	陰七 合六
壬申	柱二 驚六	杜離	死兌	生震	天九 地四	陰六 合一
甲戌	任直符八 生直使八	開乾	死坤	杜巽	天一 地六	陰四 合九

己巳 甲申 驚蟄中 己亥 甲寅

甲戌 己丑 立夏下 甲辰 己未

柱直符 驚直使

乙丑	柱六 驚八	杜兌	死坎	生離	天七 地二	陰八 合三
丁卯	柱四 驚一	休震	傷離	驚坎	天三 地八	陰二 合七
己巳	柱八 驚三	景坎	驚震	傷兌	天一 地六	陰四 合九
辛未	柱一 遁五 驚五	休乾	傷艮	驚坤	天六 地七	陰三 合四
癸酉	柱三 驚七	生艮	杜巽	開乾	天八 地一	陰九 合二
乙亥	任六 生九	傷坤	休巽	驚艮	天七 地二	陰八 合三

陽遁七局

乙庚の日半夜丙子の時に起る

冬至中　庚午 乙酉　庚子 乙卯

清明下　乙亥 庚寅　乙巳 庚申

任直符　生直使

丙子	任三 生一	景巽	傷艮	休乾	天九 地四	陰六 合一
戊寅	任七 生三	杜離	生震	開坎	天二 地九	陰一 合八
庚辰	任九 避五 生五	驚震	景坎	傷兌	天四 地三	陰七 合六
壬午	任二 生七	驚巽	景艮	傷乾	天九 地四	陰六 合一
甲申	英直符九 景直使九	死坤	開乾	杜巽	天四 地三	陰七 合六
丙戌	英五 景二	死兌	開坎	杜離	天九 地四	陰六 合一

驚蟄中　庚午 乙酉　庚子 乙卯

立夏下　乙亥 庚寅　乙巳 庚申

任直符　生直使

丁丑	任四 生二	死艮	杜乾	生坤	天三 地八	陰一 合七
己卯	任八 生四	死乾	杜坤	生巽	天一 地六	陰四 合九
辛巳	任一 生六	休兌	驚離	景震	天六 地七	陰三 合四
癸未	任三 生八	休坎	驚兌	景離	天八 地一	陰九 合二
乙酉	英六 景一	景坎	驚震	傷兌	天七 地二	陰八 合三
丁亥	英四 景三	驚離	休兌	景震	天三 地八	陰二 合七

陽遁七局

丙辛の日半夜戊子の時に起る

辛未 丙戌 **冬至中** 辛丑 丙辰

辛卯 丙子 **清明下** 辛酉 丙午

英直符　景直使

戊子	英景 七四	休乾	傷艮	驚坤	天二地九	陰一合八
庚寅	英景 九六	傷坤	景乾	休巽	天四地三	陰七合六
壬辰	英景 二八	生兌	杜坎	開離	天九地四	陰六合一
甲午	蓬直符 休直使 一一	開乾	死坤	杜巽	天六地七	陰三合四
丙申	蓬休 五三	傷離	休震	驚坎	天九地四	陰六合一
戊戌	蓬避休 七五五	休坤	驚巽	景艮	天二地九	陰一合八

辛未 丙戌 **驚蟄中** 辛丑 丙辰

辛卯 丙子 **立夏下** 辛酉 丙午

英直符　景直使

己丑	英避景 八五四	生震	杜雑	開坎	天一地六	陰四合九
辛卯	英景 一七	開艮	生巽	死乾	天六地七	陰三合四
癸巳	英景 三九	杜巽	死坤	生艮	天八地一	陰九合六
乙未	蓬休 六二	生兌	開離	死震	天七地三	陰八合三
丁酉	蓬休 四四	開震	死坎	杜兌	天三地八	陰二合七
己亥	蓬休 八六	生坎	開兌	死離	天一地六	陰四合三

陽遁七局

丁壬の日半夜庚子の時に起る

壬申 丁亥 冬至中 壬寅 丁巳

丁丑 壬辰 清明下 丁未 壬戌

蓬直符 休直使

庚子	蓬休	一七	死巽 杜艮 生乾	天四 地三	陰七 合六
壬寅	蓬休	二九	休離 驚震 景坎	天九 地四	陰六 合一
甲辰	芮死 直符 直使	二二	杜巽 開乾 死坤	天九 地四	陰六 合一
丙午	芮死	五四	死巽 生乾 開坤	天九 地四	陰六 合一
戊申	芮死	七六	傷離 驚坎 景兌	天二 地九	陰一 合八
庚戌	芮死	九八	驚震 傷兌 休離	天四 地三	陰七 合六

壬申 丁亥 驚蟄中 壬寅 丁巳

丁丑 壬辰 立夏下 丁未 壬戌

蓬直符 休直使

辛丑	蓬休	一八	驚乾 景坤 傷巽	天六 地七	陰三 合四
癸卯	蓬休	三一	生乾 開艮 死坤	天八 地一	陰九 合二
乙巳	芮死	六三	休坤 景艮 傷乾	天七 地二	陰八 合三
丁未	芮遁死	四五五	生艮 死坤 杜巽	天三 地八	陰二 合九
己酉	芮死	八七	驚乾 傷巽 休艮	天一 地六	陰四 合九
辛亥	芮死	一九	開兌 杜震 生坎	天六 地七	陰三 合二

陽遁七局

戊癸の日半夜壬子の時に起る

癸酉 戊子 冬至中 癸卯 戊午

戊寅 癸巳 清明下 戊申 癸亥

芮直符 死直使

壬子	芮二	死一	休巽	景乾	傷坤	天九地四	陰六合一
甲寅	衝直符三 輔	傷直使三	杜巽	開乾	死坤	天八地一	陰九合二
丙辰	衝五 避五	傷五	杜兌	開震	死坎	天九地四	陰六合一
戊午	衝七	傷七	杜乾	開巽	死艮	天二地九	陰一合八
庚申	衝九	傷九	杜坤	開艮	死乾	天四地三	陰七合六
壬戌	衝二	傷二	杜兌	開震	死坎	天九地四	陰六合一

癸酉 戊子 驚蟄中 癸卯 戊午

戊寅 癸巳 立夏下 戊申 癸亥

芮直符 死直使

癸丑	芮三	死二	休坎	景離	傷震	天八地一	陰九合二
乙卯	衝六	傷四	開坎	杜離	生震	天七地二	陰八合三
丁巳	衝四	傷六	開離	杜坎	生兌	天三地八	陰二合七
己未	衝八	傷八	杜震	開兌	死離	天一地六	陰四合九
辛酉	衝一	傷一	杜艮	開坤	死巽	天六地七	陰三合四
癸亥	衝三	傷三	杜巽	開乾	死坤	天八地一	陰九合二

陽遁八局

甲巳の日半夜甲子の時に起る

甲申 己巳 **小寒中** 甲寅 己亥

己丑 甲戌 **穀雨下** 己未 甲辰

任直符　生直使

甲子	任八 生八	開乾	驚兌	死坤	天一 地六	陰四 合九
丙寅	任六 生一	驚坤	死離	景巽	天七 地二	陰八 合三
戊辰	任八 生三	驚坎	死兌	景坤	天一 地六	陰四 合九
庚午	任一 避五 生五	傷兌	生坤	休離	天六 地七	陰三 合四
壬申	任三 生七	杜坎	傷乾	生兌	天八 地一	陰九 合二
甲戌	英直符九 景直使九	驚兌	開乾	死坤	天四 地三	陰七 合六

甲子 己卯 **立春上** 甲午 己酉

己丑 甲戌 **小滿下** 己未 甲辰

任直符　生直使

乙丑	任七 生九	生離	休巽	開震	天二 地九	陰一 合八
丁卯	任五 生二	開巽	驚震	死艮	天九 地四	陰六 合一
己巳	任九 生四	休震	開艮	驚坎	天四 地三	陰七 合六
辛未	任二 生六	死巽	景震	杜艮	天九 地四	陰六 合一
癸酉	任四 生八	生艮	休坎	開乾	天三 地八	陰二 合七
乙亥	英七 景一	景坎	死艮	杜乾	天二 地九	陰一 合八

陽遁八局

乙庚の日半夜丙子の時に起る

乙酉 庚午 小寒中 乙卯 庚子

乙亥 庚寅 穀雨下 乙巳 庚申

英直符 景直使

丙子	英六 景一	休艮	生震	開坎	天七 地二	陰八 合三
戊寅	英八 景四	景巽	死離	杜震	天一 地六	陰四 合九
庚辰	英一 景六	開震	休離	驚艮	天六 地七	陰三 合四
壬午	英三 景八	開離	休坤	驚巽	天八 地一	陰九 合二
甲申	蓬直符一 休直使一	開乾	驚兌	死坤	天六 地七	陰七 合四
丙戌	蓬六 休三	景離	杜巽	傷震	天七 地二	陰八 合三

乙丑 庚辰 立春上 乙未 庚戌

乙亥 庚寅 小満下 乙巳 庚申

英直符 景直使

丁丑	英五 景二	生乾	傷坎	杜兌	天九 地四	陰六 合一
己卯	英九 避五 景五	死兌	驚乾	景坤	天四 地三	陰七 合六
辛巳	英二 景七	死乾	驚坎	景兌	天九 地四	陰六 合一
癸未	英四 景九	死坤	驚兌	景離	天三 地八	景二 合七
乙酉	蓬七 休二	休坤	開離	驚巽	天二 地九	陰一 合八
丁亥	蓬五 休四	生離	休巽	開震	天九 地四	陰六 合一

陽遁八局

丙辛の日半夜戊子の時に起る

丙戌 辛未 **小寒中** 丙辰 辛丑　　丙寅 辛巳 **立春上** 丙申 辛亥

辛卯 丙子 **穀雨下** 辛酉 丙午　　辛卯 丙子 **小滿下** 辛酉 丙午

蓬直符　休直使

戊子	蓬避休	八五五	杜坎	傷乾	生兌	天一地六	陰四合九
庚寅	蓬休	一七	生乾	休兌	開坤	天六地七	陰三合四
壬辰	蓬休	三九	死艮	景坎	杜乾	天八地一	陰九合二
甲午	芮直符死直使	二二	驚兌	開乾	死坤	天九地四	陰六合一
丙申	芮死	六四	傷坎	杜艮	生乾	天七地二	陰八合三
戊戌	芮死	八六	休震	生巽	開艮	天一地六	陰四合九
己丑	蓬休	九六	景巽	杜震	傷艮	天四地三	陰七合六
辛卯	蓬休	二八	杜離	傷巽	生震	天九地四	陰六合一
癸巳	蓬休	四一	傷震	生艮	休坎	天三地八	陰二合七
乙未	芮死	七三	傷乾	杜坎	生兌	天三地九	陰二合八
丁酉	芮避死	五五五	驚兌	開乾	死坤	天九地四	陰六合一
己亥	芮死	九七	景坤	死兌	杜離	天四地二	陰七合六

陽遁八局

丁壬の日半夜庚子の時に起る

丁巳 壬申 **小寒中** 丁亥 壬寅

壬辰 丁丑 **穀雨下** 壬戌 丁未

芮直符　死直使

庚子	芮死	一八	死艮	驚震	景坎	天六 地七	陰三 合四
壬寅	芮死	三一	休巽	生離	開震	天八 地一	陰九 合二
甲辰	衝休	直符三 直使三	死坤	驚兌	開乾	天八 地二	陰九 合一
丙午	衝避傷	六五五	開震	休巽	生離	天七 地二	陰八 合三
戊申	衝傷	八七	休離	生坤	傷兌	天三 地六	陰四 合九
庚戌	衝傷	一九	生巽	傷離	杜坤	天六 地七	陰三 合四

丁卯 壬午 **立春上** 丁酉 壬子

壬辰 丁丑 **小滿下** 壬戌 丁未

芮直符　死直使

辛丑	芮死	二九	開兌	休乾	驚坤	天九 地四	陰六 合一
癸卯	芮死	四二	景離	死坤	杜巽	天三 地八	陰二 合七
乙巳	衝傷	七四	休震	生艮	傷巽	天二 地九	陰一 合八
丁未	衝傷	五六	杜坎	景艮	死震	天九 地四	陰六 合一
己酉	衝傷	九八	休乾	生坎	傷艮	天四 地三	陰七 合六
辛亥	衝傷	二一	傷坎	杜艮	景震	天九 地四	陰六 合一

陽遁八局

戊癸の日半夜壬子の時に起る

小寒中　戊午　癸酉　戊子　癸卯

穀雨下　癸巳　戊寅　癸亥　戊申

衝直符　傷直使

壬子	衝三 傷二	傷坤	杜兌	景乾	天八 地一	陰九 合二
甲寅	輔直符四 輔 杜直使四	死坤	驚兌	開乾	天三 地八	陰二 合七
丙辰	輔六 杜六	死坎	驚震	開巽	天七 地二	陰八 合三
戊午	輔八 杜八	死巽	驚離	開坤	天二 地六	陰四 合九
庚申	輔一 杜一	死震	驚巽	開離	天六 地七	陰三 合四
壬戌	輔三 杜三	死離	驚坤	開兌	天八 地一	陰九 合二

立春上　癸未　戊辰　癸丑　戊戌

小満下　戊寅　癸巳　戊申　癸亥

衝直符　傷直使

癸丑	衝四 傷三	驚兌	開乾	休坎	天三 地八	陰二 合七
乙卯	輔七 遯五 杜五	驚坎	開艮	休震	天二 地九	陰一 合八
丁巳	輔五 杜七	景乾	死坎	驚艮	天九 地四	陰六 合一
己未	輔九 杜九	死兌	驚乾	開坎	天四 地三	陰四 合六
辛酉	輔二 杜二	死乾	驚坎	開艮	天九 地四	陰六 合一
癸亥	輔四 杜四	死乾	驚坤	開兌	天三 地八	陰二 合七

陽遁九局　甲巳の日半夜甲子の時に起る

甲寅 己巳 大寒中 甲申 己亥

己卯 甲子 雨水上 己酉 甲午

英直符　景直使

甲子	英九 景九	驚兌	生艮	開乾	天四 地三	陰七 合六
丙寅	英七 景二	開坎	傷巽	休艮	天二 他九	陰一 合八
戊辰	英九 景四	開兌	傷艮	休乾	天四 地三	陰七 合六
庚午	英二 景六	景乾	開震	死坎	天九 地四	陰六 合一
壬申	英四 景八	休坤	杜坎	生兌	天三 地八	陰二 合七
甲戌	蓬直符一 休直使一	生艮	驚兌	開乾	天六 地七	陰三 合四

甲寅 己巳 春分中 甲申 己亥

己丑 甲辰 芒種下 己未 甲戌

英直符　景直使

乙丑	英八 景一	開巽	傷兌	休離	天一 地六	陰四 合九
丁卯	英六 景三	杜艮	驚離	景震	天七 地二	陰八 合三
己巳	英一 遯五 景五	生震	景坤	傷巽	天六 地七	陰三 合四
辛未	英三 景七	傷離	死乾	杜坤	天八 地一	陰九 合二
癸酉	英五 景九	開乾	傷震	休坎	天九 地四	陰六 合一
乙亥	蓬八 休二	死震	傷乾	杜坎	天一 地二	陰四 合九

陽遁九局

乙庚の日半夜丙子の時に起る

乙卯 庚午 大寒中 乙酉 庚子

庚辰 乙丑 雨水上 庚戌 乙未

蓬直符 休直使

丙子	戊寅	庚辰	壬午	甲申	丙戌
蓬休	蓬遁休	蓬休	蓬休	芮直符 死直使	芮死
七三	九五五	二七	四九	二二	七四
死乾	休坤	休兌	休離	驚兌	生乾
傷離	死震	死巽	死艮	生艮	景震
杜坤	驚巽	驚離	驚震	開乾	傷坎
天二 地九	天四 地三	天九 地四	天三 地八	天九 地四	天二 地九
陰一 合八	陰七 合六	陰六 合一	陰二 合七	陰六 合一	陰一 合八

乙卯 庚午 春分中 乙酉 庚子

庚寅 乙巳 芒種下 庚申 乙亥

蓬直符 休直使

丁丑	己卯	辛巳	癸未	乙酉	丁亥
蓬休	蓬休	蓬休	蓬休	芮死	芮遁死
六四	一六	三八	五一	八三	六五五
死坎	傷艮	傷巽	驚兌	死震	休坎
傷坤	開兌	開坎	杜巽	休坤	杜巽
杜兌	休乾	休艮	景離	驚巽	生艮
天七 地二	天六 地七	天八 地一	天九 地四	天一 地六	天七 地二
陰八 合三	陰三 合四	陰九 合二	陰六 合一	陰四 合九	陰八 合三

陽遁九局

丙辛の日半夜戊子の時に起る

丙辰 辛未 **大寒中** 丙戌 辛丑

辛巳 丙寅 **雨水上** 辛亥 丙申

芮直符 死直使

戊子	芮死	九六	杜坤	驚坎	景兌	天四 地三	陰七 合六
庚寅	芮死	二八	傷兌	死艮	杜乾	天九 地四	陰六 合一
壬辰	芮死	四一	生離	景乾	傷坤	天二 地八	陰三 合七
甲午	衝直符 傷直使	三二	生艮	驚兌	開乾	天八 地一	陰九 合二
丙申	衝避傷	七五五	傷坤	開震	休巽	天一 地九	陰二 合八
戊戌	衝傷	九七	開巽	景坎	死艮	天四 地三	陰七 合六

丙辰 辛未 **春分中** 丙戌 辛丑

辛卯 丙午 **芒種下** 辛酉 丙子

芮直符 死直使

己丑	芮死	一七	休艮	杜離	生震	天六 地七	陰三 合四
辛卯	芮死	三九	景巽	開兌	死離	天八 地一	陰九 合二
癸巳	芮死	五二	驚兌	生艮	開乾	天九 地四	陰六 合一
乙未	衝傷	八四	開坎	景坤	死兌	天一 地六	陰四 合九
丁酉	衝傷	六六	生兌	驚巽	開離	天七 地二	陰八 合三
己亥	衝傷	一八	休乾	死離	驚坤	天六 地七	陰三 合四

陽遁九局

丁壬の日半夜庚子の時に起る

大寒中　丁巳　壬申　丁亥　壬寅

雨水上　壬午　丁卯　壬子　丁酉

衝直符　傷直使

庚子	衝傷	二九	傷離	開艮	休震	天九地四	陰六合一
壬寅	衝傷	四二	開震	景乾	死坎	天三地八	陰二合七
甲辰	輔直符四　杜直使四		開乾	生艮	驚兌	天三地七	陰二合八
丙午	輔杜	七六	驚震	休離	死艮	天二地九	陰一合八
戊申	輔杜	九八	傷坎	景震	生乾	天四地三	陰七合六
庚戌	輔杜	二一	景艮	驚巽	杜坎	天九地四	陰六合一

春分中　丁巳　壬申　丁亥　壬寅

芒種下　壬辰　丁未　壬戌　丁丑

衝直符　傷直使

辛丑	衝傷	三一	杜艮	休兌	生乾	天八地一	陰九合二
癸卯	衝傷	五三	景離	生艮	傷震	天九地四	陰六合一
乙巳	輔避杜	八五五	杜坤	死乾	傷離	天一地六	陰四合九
丁未	輔杜	六七	休巽	傷坤	開震	天七地二	陰八合二
己酉	輔杜	一九	杜離	死兌	傷巽	天六地七	陰三合四
辛亥	輔杜	三二	景兌	驚坎	杜坤	天一地六	陰四合九

陽遁九局

戊癸の日半夜壬子の時に起る

戊子 癸酉 大寒中 戊午 癸卯

癸未 戊辰 雨水上 癸丑 戊戌

輔直符 杜直使

壬子	輔四 杜三	休乾	傷艮	開兌	天三 地八 陰二 合七
甲寅	禽直符五 避五 死直使五	開乾	生艮	休兌	天九 地四 陰六 合一
丙辰	禽七 死七	開坎	生震	驚乾	天二 地九 陰一 合八
戊午	禽九 死九	開兌	生坎	驚坤	天四 地三 陰七 合六
庚申	禽二 死二	開乾	生艮	驚兌	天九 地四 陰六 合一
壬戌	禽四 死四	開坤	生乾	驚離	天三 地八 陰二 合七

戊子 癸酉 春分中 戊午 癸卯

癸巳 戊申 芒種下 癸亥 戊寅

輔直符 杜直使

癸丑	輔五 杜四	生艮	杜巽	休坎	天九 地四 陰六 合一
乙卯	禽八 死六	生巽	杜坤	休震	天一 地六 陰四 合九
丁巳	禽六 死八	死艮	開巽	生坎	天七 地二 陰八 合三
己未	禽一 死一	開震	生離	驚艮	天六 地七 陰三 合四
辛酉	禽三 死三	開離	生兌	驚巽・	天八 地一 陰九 合二
癸亥	禽五 避五 死五	開乾	生艮	驚兌	天九 地四 陰六 合七

陰遁九局

甲己の日半夜甲子の時に起る

甲子 己卯 夏至上 甲午 己酉

己巳 甲申 寒露中 己亥 甲寅

英直符　景直使

甲子	英九 景九	死坤	休坎	傷震	天二 地七	陰三 合八
丙寅	英二 景七	景兌	開艮	生巽	天七 地六	陰四 合三
戊辰	英九 避三 景五	景坤	開坎	生震	天二 地七	陰三 合八
庚午	英七 景三	生乾	景震	驚離	天六 地一	陰九 合四
壬申	英五 景一	傷兌	死艮	開巽	天七 地六	陰四 合二
甲戌	任直符八 生直使八	休坎	死坤	傷震	天三 地四	陰六 合七

甲子 己卯 白露上 甲午 己酉

己巳 甲申 立冬中 己亥 甲寅

英直符　景直使

乙丑	英一 景八	景艮	開離	生兌	天八 地三	陰七 合二
丁卯	英二 景六	休巽	杜兌	死坎	天四 地九	陰一 合六
己巳	英八 景四	杜震	驚坤	休乾	天三 地四	陰六 合七
辛未	英六 景二	開坎	傷巽	景坤	天一 地八	陰二 合九
癸酉	英四 景九	景離	開乾	生艮	天九 地二	陰八 合一
乙亥	任一 生七	傷乾	開離	景艮	天八 地三	陰七 合二

陰遁九局

乙庚の日半夜丙子の時に起る

夏至上 乙丑 庚辰 乙未 庚戌

寒露中 庚午 乙酉 庚子 乙卯

任直符　生直使

丙子	任二 生六	驚離	杜艮	休兌	天七 地六	陰四 合二
戊寅	任九 生四	生巽	驚坎	杜坤	天二 地七	陰三 合八
庚辰	任七 生二	生坤	驚震	杜乾	天六 地一	陰九 合四
壬午	任五 生九	生離	驚艮	杜兌	天七 地六	陰四 合三
甲申	柱直符七 驚直使七	死坤	休坎	傷震	天六 地一	陰九 合四
丙戌	柱二 避五 驚五	死離	休乾	傷艮	天七 地六	陰四 合三

白露上 乙丑 庚辰 乙未 庚戌

立冬中 庚午 乙酉 庚午 乙卯

任直符　生直使

丁丑	任三 避五 生五	死艮	傷兌	開巽	天四 地九	陰二 合六
己卯	任八 生三	開坎	景坤	生震	天三 地四	陰六 合七
辛巳	任六 生一	開兌	景巽	生坎	天一 地六	陰二 合九
癸未	任四 生八	傷震	開乾	景離	天九 地二	陰八 合一
乙酉	杜一 驚六	驚乾	生震	杜離	天八 地三	陰七 合二
丁亥	杜三 驚四	景艮	開離	生兌	天四 地九	陰一 合六

陰遁九局

丙辛の日半夜戊子の時に起る

丙寅 辛巳 夏至上 丙申 辛亥

辛未 丙辰 寒露中 辛丑 丙戌

杜直符 驚直使

戊子	杜驚	九三	開巽	傷兌	景坎	天二地七	陰三合八
庚寅	杜驚	七一	杜坤	驚坎	休震	天六地一	陰九合四
壬辰	杜驚	五八	生離	休乾	驚艮	天七地六	陰四合三
甲午	心直符六 開直使六		休坎	死坤	傷震	天一地八	陰二合九
丙申	心開	二四	傷兌	開巽	景坎	天七地六	陰四合二
戊戌	心開	九二	開坤	景震	生乾	天二地七	陰三合八

丙寅 辛巳 白露上 丙申 辛亥

辛未 丙辰 立冬中 辛丑 丙戌

杜直符 驚直使

己丑	杜驚	八二	生坎	景巽	驚坤	天三地四	陰六合七
辛卯	杜驚	六九	休兌	杜艮	死巽	天一地八	陰二合九
癸巳	杜驚	四七	傷震	死坤	開乾	天九地二	陰八合一
乙未	心避開	一五五	杜艮	休兌	死巽	天八地三	陰七合二
丁酉	心開	三三	休巽	死坎	傷坤	天四地九	陰一合六
己亥	心開	八一	生震	驚乾	杜離	天三地四	陰六合七

陰遁九局

丁壬の日半夜庚子の時に起る

丁卯　壬午　夏至上　丁酉　壬子

壬申　丁亥　寒露中　壬寅　丁巳

心直符　開直使

庚子	壬寅	甲辰	丙午	戊申	庚戌
心七 開九	心五 開七	禽直筒五 避五 死直使五	禽二 死三	禽九 死一	禽七 死八
傷乾	開兌	傷震	死震	驚艮	開巽
開離	景巽	休坎	杜坎	景乾	死艮
景艮	生坎	死坤	休艮	生離	傷兌
天六 地一	天七 地六	天七 地六	天七 地六	天二 地七	天六 地一
陰九 合四	陰四 合三	陰四 合三	陰四 合三	陰三 合八	陰九 合四

丁卯　壬午　白露上　丁酉　壬子

壬寅　丁亥　立冬中　壬寅　丁巳

心直符　開直使

辛丑	癸卯	乙巳	丁未	己酉	辛亥
心六 開八	心四 開六	禽一 死四	禽三 死二	禽八 死九	禽六 死七
驚坎	景離	開坤	開乾	開兌	景離
杜坤	生艮	死巽	死坤	死離	生震
休震	驚兌	傷坎	傷震	傷艮	驚乾
天一 地八	天九 地二	天八 地三	天四 地九	天三 地四	天一 地八
陰二 合九	陰八 合一	陰七 合一	陰一 合六	陰六 合七	陰二 合九

陰遁九局

戊癸の日半夜壬子の時に起る

戊辰 癸未 夏至上 戊戌 癸丑

癸酉 戊子 寒露中 癸卯 戊午

禽直符　死直使

壬子	禽五 死六	休震	驚坎	杜坤	天七 地六	陰四 合三
甲寅	輔直符四 杜直使四	傷震	休坎	死坤	天九 地二	陰八 合一
丙辰	輔二 杜二	傷離	休震	死乾	天七 地六	陰四 合三
戊午	輔九 杜九	傷巽	休艮	死兌	天二 地一	陰三 合八
庚申	輔七 杜七	傷坤	休巽	死坎	天六 地一	陰九 合四
壬戌	輔五 避五 杜五	傷離	休震	死乾	天七 地六	陰四 合三

戊辰 癸未 白露上 戊戌 癸丑

癸酉 戊子 立冬中 癸卯 戊午

禽直符　死直使

癸丑	禽四 避五 死五	休坎	驚兌	杜巽	天九 地二	陰八 合一
乙卯	輔一 杜三	休乾	驚坤	杜震	天八 地三	陰七 合二
丁巳	輔三 杜一	景艮	傷乾	開離	天四 地九	陰一 合六
己未	輔八 杜八	傷坎	休兌	死巽	天三 地四	陰六 合七
辛酉	輔六 杜六	傷兌	休離	死艮	天一 地八	陰二 合九
癸亥	輔四 杜四	傷震	休坎	死坤	天九 地二	陰八 合一

陰遁八局

甲己の日半夜甲子の時に起る

甲子 己卯 小暑上 甲午 己酉

己巳 甲申 霜降中 己亥 甲寅

	任直符	生直使							
甲子	任八	生八	休離	景坎	死乾	天三	地四	陰六	合七
丙寅	任一	生八	生乾	死巽	景離	天八	地二	陰七	合二
戊辰	任八	生四	驚坎	傷離	杜坤	天三	地四	陰六	合七
庚午	任六	生二	傷兌	驚震	開巽	天一	地八	陰三	合九
壬申	任四	生九	開震	杜兌	景乾	天九	地二	陰八	合一
甲戌	柱直符七	驚直使七	景離	休坎	死坤	天六	地一	陰九	合四

甲戌 己丑 立秋下 甲辰 己未

己巳 甲由 小雪中 己亥 甲寅

	任直符	生直使							
乙丑	任九	生七	驚巽	傷乾	杜兌	天三	地七	陰二	合八
丁卯	任二 避五	生五	休離	景坎	死艮	天七	地六	陰四	合二
己巳	任七	生三	景坤	休艮	生震	天六	地一	陰九	合四
辛未	任五	生一	死離	生坎	傷艮	天七	地六	陰四	合三
癸酉	任二	生八	生艮	死坤	驚兌	天四	地九	陰一	合六
乙亥	杜九	驚六	生震	死兌	傷巽	天二	地七	陰一	合八

陰遁八局

乙庚の日半夜丙子の時に起る

乙丑 庚辰	小暑上	乙未 庚戌	杜直符	驚直使
庚午 乙酉	霜降中	庚子 乙卯		

丙子	杜避驚	一五五	開兌	杜震	休乾	天八地三	陰七合二
戊寅	杜驚	八三	杜乾	開巽	景坎	天三地四	陰六合七
庚辰	杜驚	六二	杜坤	開艮	景兌	天六地八	陰二合九
壬午	杜驚	四八	[illegible]艮	傷坤	開震	天九地二	陰八合一
甲申	心直符六 開直使六		休坎	景離	死坤	天一地八	陰二合九
丙戌	心開	一四	死艮	生坤	傷傷	天八地三	陰七合二

乙亥 庚寅	立秋下	乙巳 庚申	杜直符	驚直使
庚午 乙酉	小雪中	庚子 乙卯		

丁丑	杜驚	二四	驚巽	傷乾	開離	天七地二	陰四合三
己卯	杜驚	七二	死離	生坎	驚坤	天六地一	陰九合四
辛巳	杜驚	五九	死巽	生乾	驚離	天七地六	陰四合三
癸未	杜驚	三七	休坎	景離	生艮	天四地九	陰一合六
乙酉	心避開	九五五	開坤	杜艮	景震	天二地七	陰三合八
丁亥	心開	二三	杜兌	開震	休巽	天七地六	陰四合二

陰遁八局

丙辛の日半夜戊子の時に起る

丙寅 辛巳 **小暑上** 丙申 辛亥

辛未 丙戌 **霜降中** 辛丑 丙辰

心直符　開直使

戊子	心開	八一	景震	休兌	生乾	天三地四	陰六合七
庚寅	心開	六九	杜坎	開離	休坤	天一地八	陰二合九
壬辰	心開	四七	死離	生坎	傷艮	天九地二	陰八合一
甲午	禽直筒五 避五 死直使五		景離	休坎	死坤	天七地六	陰八合三
丙申	禽死	二三	傷乾	驚巽	杜坎	天八地三	陰七合二
戊戌	禽死	八一	死坎	生離	驚艮	天三地四	陰六合七

丙子 辛卯 **立秋下** 丙午 辛酉

辛未 丙戌 **小雪中** 辛丑 丙辰

心直符　開直使

己丑	心開	七一	驚乾	傷巽	杜離	天六地一	陰九合四
辛卯	心開	五八	景兌	休震	生巽	天七地六	陰四合三
癸巳	心開	二六	杜巽	開乾	休坎	天四地九	陰一合六
乙未	禽死	九四	死巽	生乾	驚離	天二天七	陰三合八
丁酉	禽死	二二	景離	休坎	死坤	天七地六	陰四合三
己亥	禽死	七九	驚坤	傷巽	開兌	天六地一	陰九合四

陰遁八局

丁壬の日半夜庚子の時に起る

小暑上　丁卯　壬午　丁酉　壬辰

霜降中　壬申　丁亥　壬寅　丁巳

禽直符　死直使

庚子	禽死	六八	傷兌	驚震	杜乾	天一地八	陰二合九
壬寅	禽死	四六	休震	景兌	生巽	天九地二	陰八合一
甲辰	輔直符四 杜直使四		死坤	景離	休坎	天九地二	陰八合一
丙午	輔杜	一二	休震	開艮	杜坤	天八地二	陰八合二
戊申	輔杜	八九	傷巽	生震	死兌	天三地四	陰六合七
庚戌	輔杜	六七	驚艮	死坎	生離	天一地八	陰二合九

立秋下　丁丑　壬辰　丁未　壬戌

小雪中　壬申　丁亥　壬寅　丁巳

禽直符　死直使

辛丑	禽死	五七	杜離	開坎	景坤	天七地六	陰四合三
癸卯	禽避死	三五五	生艮	死坤	傷震	天四地九	陰一合六
乙巳	輔杜	九三	開兌	驚坤	傷艮	天二地七	陰三合八
丁未	輔杜	二一	傷乾	生兌	死震	天七地六	陰四合三
己酉	輔杜	七八	傷坎	生乾	死巽	天六地一	陰九合四
辛亥	輔杜	五六	杜坤	傷兌	驚震	天七地六	陰四合三

陰遁八局

戊癸の日半夜壬子の時に起る

小暑上 戊辰 癸未 / 戊戌 癸丑

霜降中 癸卯 戊子 / 癸卯 戊午

輔直符 杜直使

壬子	甲寅	丙辰	戊午	庚申	壬戌
輔四 避五 杜五	衝直符三 傷直使三	衝一 傷一	衝八 傷八	衝六 傷六	衝四 傷四
杜坤	死坤	死巽	死坎	死震	死兌
傷離	景離	景震	景巽	景艮	景坤
驚坎	休坎	休兌	休乾	休坤	休艮
天九 地二	天四 北九	天八 地三	天三 地四	天一 地八	天九 地二
陰八 合一	陰一 合六	陰七 合二	陰六 合七	陰二 合九	陰八 合一

立秋下 戊寅 癸巳 / 戊申 癸亥

小雪中 癸卯 戊子 / 癸酉 戊午

輔直符 杜直使

癸丑	乙卯	丁巳	己未	辛酉	癸亥
輔三 杜四	衝九 傷二	衝二 傷九	衝七 傷七	衝五 避五 傷五	衝三 傷三
景離	景乾	驚坎	死艮	死坎	死坤
杜巽	杜兌	死乾	景坎	景乾	景離
開乾	開震	休巽	休離	休巽	休坎
天四 地九	天二 地七	天七 地六	天六 地一	天七 地六	天四 地九
陰一 合六	陰三 合八	陰四 合三	陰九 合四	陰四 合三	陰一 合六

陰遁七局

甲己の日半夜甲子の時に起る

大暑上

甲子　己卯　甲午　己酉

處暑下

己丑　甲戌　己未　甲辰

柱直符　驚直使

甲子	柱七 驚七	景離	生艮	休坎	天六 地四	陰九 合一
丙寅	柱九 遯五 驚五	杜震	休乾	開艮	天二 地七	陰三 合八
戊辰	柱七 驚三	休離	死艮	景坎	天六 地一	陰九 合四
庚午	柱五 驚一	生巽	驚坎	死乾	天七 地六	陰四 合三
壬申	柱三 驚八	死坎	傷坤	生離	天四 地九	陰一 合六
甲戌	心直符六 開直使六	生艮	景離	休坎	天一 地八	陰二 合九

秋分上

甲子　己卯　甲午　己酉

大雪中

己巳　甲辰　己亥　甲寅

柱直符　驚直使

乙丑	柱八 驚六	驚乾	杜離	傷巽	天三 地四	陰六 合七
丁卯	柱一 驚四	生兌	驚巽	死震	天八 地三	陰七 合三
己巳	柱六 驚二	驚坤	杜震	傷艮	天一 地八	陰二 合九
辛未	柱四 驚九	杜艮	休兌	開坤	天九 地二	陰八 合一
癸酉	柱二 驚七	杜巽	休坎	開乾	天七 地六	陰四 合三
乙亥	心八 遯五 開五	死巽	休兌	景震	天三 地四	陰六 合七

陰遁七局

乙庚の日半夜丙子の時に起る

乙丑庚辰　大暑上　乙未庚戌

庚寅乙亥　處暑下　庚申乙巳

心直符　開直使

丙子	心開	九四	傷兌	死艮	生坤	天二地七	陰三合八
戊寅	心開	七二	傷坎	死巽	生乾	天六地一	陰九合四
庚辰	心避開	五五五	傷乾	死震	生兌	天七地六	陰四合三
壬午	心開	三七	死離	休乾	景巽	天四地九	陰一合六
甲申	禽直符避死直使	五五五	景離	生艮	休坎	天七地六	陰四合二
丙戌	禽死	九三	驚巽	杜坎	傷乾	天一地七	陰三合八

乙丑庚辰　秋分上　乙未庚戌

庚午乙酉　大雪中　庚子乙卯

心直符　開直使

丁丑	心開	二三	開震	傷坤	驚艮	天八地三	陰七合一
己卯	心開	六一	休艮	杜離	開坎	天一地八	陰二合九
辛巳	心開	四八	杜坤	驚坎	傷離	天九地二	陰八合一
癸未	心開	二六	開乾	傷震	驚兌	天七地六	陰四合三
乙酉	禽死	八四	傷坎	開坤	驚離	天三地四	陰六合七
丁亥	禽死	一二	開乾	景離	杜巽	天八地三	陰七合二

陰遁七局

丙辛の日半夜戊子の時に起る

丙寅 辛巳 大暑上 丙申 辛亥

辛卯 丙子 處暑下 辛酉 丙午

禽直符 死直使

戊子	禽 死	七 一	傷 坤	開 震	驚 艮	天六 地一	陰九 合四
庚寅	禽 死	五 八	休 離	死 艮	景 坎	天七 地六	陰四 合三
壬辰	禽 死	二 六	開 艮	景 兌	杜 坤	天四 地九	陰一 合六
甲午	輔直符四 杜直使四		生 艮	景 離	休 坎	天九 地二	陰八 合一
丙申	輔 杜	九 二	休 震	杜 坤	開 艮	天二 地七	陰三 合八
戊戌	輔 杜	七 九	杜 離	驚 乾	傷 巽	天六 地一	陰八 合四

丙寅 辛巳 秋分上 丙申 辛亥

辛未 丙戌 大雪中 辛丑 丙辰

禽直符 死直使

己丑	禽 死	六 九	開 兌	景 巽	杜 震	天一 地八	陰二 合七
辛卯	禽 死	四 七	生 震	驚 乾	死 兌	天九 地二	陰八 合一
癸巳	禽 避 死	二 五 五	景 離	生 艮	休 坎	天七 地六	陰四 合三
乙未	輔 杜	八 三	休 乾	杜 震	開 兌	天三 地四	陰六 合七
丁酉	輔 杜	一 一	生 兌	景 艮	休 坤	天八 地三	陰七 合二
己亥	輔 杜	六 八	開 坤	傷 坎	驚 離	天一 地八	陰二 合九

陰遁七局

丁壬の日半夜庚子の時に起る

丁卯 壬午 大暑上 丁酉 壬子

壬辰 丁丑 處暑下 壬戌 丁未

輔直符 杜直使

庚子	輔杜	五七	休巽	杜兌	開震	天七地六	陰四合三
壬寅	輔避杜	三五五	驚坎	生巽	死乾	天四地九	陰一合六
甲辰	衝直符三 傷直使四		休坎	生艮	景離	天四地九	陰一合六
丙午	衝傷	九一	景震	死巽	休兌	天二地七	陰三合八
戊申	衝傷	七八	死離	驚坤	生坎	天六地二	陰九合四
庚戌	衝傷	五六	驚巽	開離	傷乾	天七地六	陰四合三

丁卯 壬午 秋分上 丁酉 壬子

壬申 丁亥 大雪中 壬寅 丁巳

輔直符 杜直使

辛丑	輔杜	四六	死艮	休離	景坎	天九地一	陰八合四
癸卯	輔杜	二四	杜巽	驚兌	傷震	天七地六	陰四合三
乙巳	衝傷	八二	景乾	死坎	休巽	天三地四	陰六合七
丁未	衝傷	一九	景兌	死乾	休震	天八地三	陰七合二
己酉	衝傷	六七	生坤	傷兌	死艮	天一地八	陰二合九
辛亥	衝避傷	四五五	驚艮	開震	傷坤	天九地二	陰八合一

陰遁七局

戊癸の日半夜壬子の時に起る

戊戌 癸未 大暑上 戊辰 癸丑

癸巳 戊寅 處暑下 癸亥 戊申

衝直符 傷直使

壬子	衝三 傷四	開坎	休艮	杜離	天四 地九	陰一 合六
甲寅	芮直符二 死直使二	休坎	生艮	景離	天七 地六	陰四 合三
丙辰	芮九 死九	休乾	生坎	景巽	天二 地七	陰三 合八
戊午	芮七 死七	休艮	生震	景坤	天六 地一	陰九 合四
庚申	芮五 避五 死五	休坎	生艮	景離	天七 地六	陰四 合三
壬戌	芮三 死三	休坤	生兌	景艮	天四 地九	陰一 合六

戊戌 癸未 秋分上 戊辰 癸丑

癸酉 戊子 大雪中 癸卯 戊午

衝直符 傷直使

癸丑	衝二 傷三	杜巽	景離	開乾	天七 地六	陰四 合三
乙卯	芮八 死一	生離	傷坤	死坎	天三 地四	陰六 合七
丁巳	芮八 死八	開巽	休離	杜乾	天八 地三	陰七 合二
己未	芮六 死六	休震	生巽	景兌	天一 地八	陰二 合九
辛酉	芮四 死四	休兌	生乾	景震	天九 地二	陰八 合一
癸亥	芮二 死二	休坎	生艮	景離	天七 地六	陰四 合三

陰遁六局

甲己の日半夜甲子の時に起る

夏至下　甲戌　己丑　甲辰　己未

寒露上　己卯　甲午　己酉　甲子

心直符　開直使

甲子	心六 開六	生艮	驚兌	景離	天一 地八	陰二 合九
丙寅	心八 開四	開巽	景坎	傷兌	天二 地四	陰六 合七
戊辰	心六 開二	杜艮	休兌	驚離	天一 地八	陰七 合九
庚午	心四 開九	休坤	死震	杜坎	天九 地二	陰八 合一
壬申	心二 開七	休乾	死離	杜震	天七 地六	陰四 合三
甲戌	禽直簡五 遁五 死直使五	驚兌	生艮	景離	天七 地六	陰四 合三

白露下　甲戌　己丑　甲辰　己未

立冬上　己卯　甲午　己酉　甲子

心直符　開直使

乙丑	心七 遁五 開五	傷坎	開坤	死巽	天六 地一	陰九 合四
丁卯	心九 開三	杜兌	休巽	驚艮	天二 地七	陰三 合八
己巳	心五 開三	驚乾	杜離	生震	天七 地六	陰四 合三
辛未	心三 開八	傷離	開艮	死乾	天四 地九	陰二 合六
癸酉	心一 開六	傷震	開乾	死坤	天八 地三	陰七 合二
乙亥	禽七 死四	生乾	景震	開坤	天六 地一	陰九 合四

陰遁六局

乙庚の日半夜丙子の時に起る

夏至下　乙亥 庚寅　乙巳 庚申

寒露上　乙丑 庚辰　乙未 庚戌

禽直符　死直使

丙子	禽死	八三	死震	休坤	杜坎	天三地四	陰六合七
戊寅	禽死	六一	死坎	休巽	杜兌	天一地八	陰二合九
庚辰	禽死	四八	休離	杜乾	驚震	天九地二	陰八合一
壬午	禽死	二六	景兌	開艮	傷離	天七地六	陰四合三
甲申	輔直符四 杜直使四		休艮	驚兌	景離	天九地二	陰八合一
丙戌	輔杜	八二	死乾	傷離	休震	天三地四	陰六合七

白露下　乙亥 庚寅　乙巳 庚申

立冬上　乙丑 庚辰　乙未 庚戌

禽直符　死直使

丁丑	禽死	九二	死坤	休坎	杜巽	天二地七	陰三合八
己卯	禽死	五九	開兌	傷艮	死離	天七地六	陰四合二
辛巳	禽死	三七	傷巽	死兌	休艮	天四地九	陰一合六
癸未	禽避死	一五五	生艮	景離	開乾	天八地三	陰七合二
乙酉	輔杜	七三	死離	傷艮	休乾	天六地一	陰九合四
丁亥	輔杜	九一	死震	傷離	休坤	天二地七	陰三合八

陰遁六局

丙辛の日半夜戊子の時に起る

丙子 辛卯 夏至下 丙午 辛酉

辛巳 丙申 寒露上 辛亥 丙寅

輔直符 杜直使

戊子	輔杜	六九	景坤	生震	開坎	天一地八	陰二合九
庚寅	輔杜	四七	驚艮	杜兌	生離	天九地二	陰八合一
壬辰	輔避杜	二五五	生巽	驚坎	景兌	天七地六	陰四合三
甲午	衝直符傷直使	三三	驚兌	生艮	景離	天四地九	陰一合六
丙申	衝傷	八一	開坤	傷坎	死巽	天三地四	陰六合七
戊戌	衝傷	六八	景巽	開兌	傷艮	天一地八	陰二合九

丙子 辛卯 白露下 丙午 辛酉

辛巳 丙申 立冬上 辛亥 丙寅

輔直符 杜直使

己丑	輔杜	五八	死巽	傷坎	休兌	天七地六	陰四合三
辛卯	輔杜	三六	景坎	生坤	開巽	天四地九	陰一合六
癸巳	輔杜	一四	驚兌	杜巽	生艮	天八地三	陰七合二
乙未	衝傷	七二	開震	傷坤	死坎	天六地二	陰九合四
丁酉	衝傷	九九	驚坎	生巽	景兌	天二地七	陰三合八
己亥	衝傷	五七	死艮	休離	杜乾	天七地六	陰四合三

陰遁六局　丁壬の日半夜庚子の時に起る

丁丑　壬辰　**夏至下**　丁未　壬戌

壬午　丁卯　**寒露上**　壬子　丁酉

衝直符　傷直使

庚子	衝四	傷六	傷乾	死傷	休坤	天九 地二	陰八 合一
壬寅	衝二	傷四	休艮	杜離	驚乾	天七 地六	陰四 合三
甲辰	芮直符二	死直使二	景離	驚兌	生艮	天七 地六	陰四 合三
丙午	芮八	死九	生坎	杜震	驚坤	天三 地四	陰六 合七
戊申	芮六	死七	死兌	開坎	傷巽	天一 地八	陰二 合九
庚戌	芮四 避五	死五	傷震	景離	開乾	天九 地二	陰八 合一

丁丑　壬辰　**白露下**　丁未　壬戌

壬午　丁卯　**立冬上**　壬子　丁酉

衝直符　傷直使

辛丑	衝三 避五	傷五	杜兌	驚艮	生離	天四 地九	陰一 合六
癸卯	衝一	傷三	景離	開乾	傷震	天八 地三	陰七 合二
乙巳	芮七	死一	傷坤	景乾	開震	天六 地一	陰九 合四
丁未	芮九	死八	開巽	生坤	景坎	天二 地七	陰三 合八
己酉	芮五	死六	傷離	景兌	開艮	天四 地六	陰四 合三
辛亥	芮三	死四	杜艮	死巽	休兌	天四 地九	陰一 合六

陰遁六局　戊癸の日半夜壬子の時に起る

戊寅　癸巳　**夏至下**　戊申　癸巳

癸未　戊辰　**寒露上**　癸丑　戊戌

芮直符　死直使

壬子	甲寅	丙辰	戊午	庚申	壬戌
芮死	蓬直符一 休直使二	蓬休	蓬休	蓬休	蓬休
二三		八八	六六	四四	二二
開離	景離	景坤	景坤	景乾	景艮
生兌	驚兌	驚乾	驚坤	驚艮	驚巽
景艮	生艮	生震	生坎	生離	生兌
天七地六	天八地三	天三地四	天一地八	天九地二	天七地六
陰四合三	陰七合二	陰六合七	陰二合九	陰八合一	陰四合三

戊寅　癸巳　**白露下**　戊申　癸亥

癸未　戊辰　**立冬上**　癸丑　戊戌

芮直符　死直使

癸丑	乙卯	丁巳	己未	辛酉	癸亥
芮死	蓬休	蓬休	蓬避休	蓬休	蓬休
一二	七九	九七	五五五	三三	一一
開乾	驚震	傷坎	景艮	景兌	景離
生艮	休離	景震	驚巽	驚坎	驚兌
景離	杜乾	開坤	生兌	生巽	生艮
天八地三	天六地一	天二地七	天七地六	天四地九	天八地三
陰七合二	陰九合四	陰三合八	陰四合三	陰一合六	陰七合二

陰遁五局

甲己の日半夜甲子の時に起る

甲戌 己丑 **小暑下** 甲辰 己未

己酉 甲子 **霜降上** 己卯 甲午

禽直符　死直使

甲子	禽五 避五 死五	驚兌	開乾	生艮	天七 地六	陰四 合三
丙寅	禽七 死三	傷乾	杜坎	死震	天六 地一	陰九 合四
戊辰	禽五 死一	杜兌	景乾	驚艮	天七 地六	陰四 合三
庚午	禽三 死八	開巽	休離	傷兌	天四 地九	陰一 合六
壬申	禽一 死六	死艮	驚震	休離	天八 地三	陰七 合二
甲戌	輔直符四 杜直使四	開乾	驚兌	生艮	天九 地二	陰八 合一

甲申 己巳 **立秋中** 甲寅 己亥

己酉 甲子 **小雪上** 己卯 甲子

禽直符　死直使

乙丑	禽六 死四	傷坎	杜艮	死巽	天一 地八	陰二 合七
丁卯	禽八 死二	傷震	杜巽	死坤	天三 地四	陰六 合七
己巳	禽四 死九	死離	驚坤	休乾	天九 地二	陰八 合一
辛未	禽二 死七	死兌	驚乾	休艮	天七 地六	陰四 合三
癸酉	禽九 避五 死五	死坤	驚兌	休坎	天二 地七	陰三 合八
乙亥	輔六 杜三	景巽	杜震	驚坤	天一 地八	陰二 合九

陰遁五局

乙庚の日半夜丙子の時に起る

乙亥 庚寅 小暑下 乙巳 庚申

庚辰 乙丑 霜降上 庚戌 乙未

輔直符 杜直使

丙子	輔杜	七二	休震	開艮	傷離	天六地一	陰九合四
戊寅	輔杜	五九	休艮	開坎	傷巽	天七地六	陰四合三
庚辰	輔杜	三七	杜兌	傷坤	死坎	天四地九	陰一合六
壬午	輔遯杜	一五五	傷離	生巽	景兌	天八地三	陰七合二
甲申	衝直符三 傷直使二		驚兌	開乾	生艮	天四地九	陰一合六
丙戌	衝傷	七一	景震	死巽	開坤	天六地一	陰九合四

乙酉 庚午 立秋中 乙卯 庚子

庚辰 乙丑 小雪上 庚戌 乙未

輔直符 杜直使

丁丑	輔杜	八一	休坤	開離	傷乾	天三地四	陰六合七
己卯	輔杜	四八	生乾	休兌	杜艮	天九地三	陰八合二
辛巳	輔杜	二六	死艮	景坎	開巽	天七地六	陰四合二
癸未	輔杜	九四	傷坎	生乾	景震	天二地七	陰三合八
乙酉	衝傷	六二	休巽	生離	杜兌	天一地八	陰二合九
丁亥	衝傷	八九	杜坤	景兌	驚坎	天三地四	陰六合七

陰遁五局

丙辛の日半夜戊子の時に起る

小暑下	丙子 辛卯		丙午 辛酉				
霜降上	辛巳 丙寅		辛亥 丙申				

衝直符 傷直使

戊子	衝五 傷八	傷艮	杜震	死離	天七 地六	陰四 合三
庚寅	衝二 傷六	生兌	傷乾	景艮	天四 地九	陰一 合六
壬辰	衝一 傷四	杜離	景坤	驚乾	天八 地三	陰七 合二
甲午	芮直使二 死直使二	開乾	驚克	生艮	天七 地六	陰四 合三
丙申	芮七 死九	生坎	休乾	杜震	天六 地一	陰九 合四
戊戌	芮五 死七	驚乾	死兌	休艮	天七 地六	陰四 合三

立秋中	丙戌 辛未		丙辰 辛丑				
小雪上	辛巳 丙寅		辛亥 丙申				

衝直符 傷直使

己丑	衝四 傷七	杜乾	景坎	驚震	天九 地二	陰八 合一
辛卯	衝二 避五 傷五	驚艮	開震	生離	天七 地六	陰四 合三
癸巳	衝九 傷三	休坎	生艮	杜巽	天二 地七	陰三 合八
乙未	芮六 死一	驚艮	死坎	休巽	天一 地八	陰二 合九
丁酉	芮八 死八	開巽	驚震	生坤	天三 地四	陰六 合七
己亥	芮四 死六	杜坤	傷離	死乾	天九 地二	陰八 合一

陰遁五局

丁壬の日半夜庚子の時に起る

丁丑 壬辰 小暑下 丁未 壬戌

壬午 丁卯 霜降上 壬子 丁酉

芮直符 死直使

庚子	壬寅	甲辰	丙午	戊申	庚戌
芮遁死	芮死	蓬直符一	蓬休	蓬休	蓬休
三五五	一三	休直使一	七八	五六	三四
景離	死震	生艮	驚乾	開兌	休巽
杜巽	景艮	開乾	景坤	死離	驚艮
驚兌	開離	驚兌	杜離	景巽	死坎
天四地九	天八地三	天八地三	天六地一	天七地六	天四地九
陰一合六	陰七合二	陰七合二	陰九合四	陰四合三	陰一合六

丁亥 壬申 立秋中 丁巳 壬寅

壬午 丁卯 小雪上 壬子 丁酉

芮直符 死直使

辛丑	癸卯	乙巳	丁未	己酉	辛亥
芮死	芮死	蓬休	蓬休	蓬遁休	蓬休
一四	九二	六九	八七	四五五	二三
生乾	驚兌	景坎	景艮	開離	景兌
休兌	死坤	傷兌	傷坎	死震	傷離
杜艮	休坎	生坤	生乾	景艮	生巽
天七地六	天二地七	天一地八	天三地四	天九地二	天四地六
陰四合三	陰三合八	陰二合九	陰六合七	陰八合一	陰七合二

陰遁五局

戊癸の日半夜壬子の時に起る

戊寅 癸巳 小暑下 戊申 癸亥

癸未 戊辰 霜降上 癸丑 戊戌

戊子 癸卯 立秋中 戊午 癸卯

癸未 戊辰 小雪上 癸丑 戊戌

蓬直符 休直使

壬子	蓬一	休二	景艮	傷乾	生兌	天八	地三	陰七	合二
甲寅	英直符七	景直使九	生艮	開乾	驚兌	天二	地七	陰三	合八
丙辰	英七	景七	生巽	開艮	驚坎	天六	地一	陰九	合四
戊午	英五 避五	景五	生震	開坎	驚乾	天七	地六	陰四	合三
庚申	英三	景三	生乾	開坤	驚離	天四	地九	陰一	合六
壬戌	英一	景一	生坤	開巽	震驚	天八	地三	陰七	合二

蓬直符 休直使

癸丑	蓬九	休一	死坤	杜巽	傷震	天二	地七	陰三	合八
乙卯	英六	景八	開離	死震	景艮	天一	地八	陰二	合九
丁巳	英八	景六	杜兌	生離	休巽	天三	地四	陰六	合七
己未	英四	景四	生坎	開兌	驚坤	天九	地二	陰八	合一
辛酉	英二	景二	生震	開坎	驚乾	天七	地六	陰四	合三
癸亥	英九	景九	生艮	開乾	驚兌	天二	地七	陰三	合八

陰遁四局

甲己の日半夜甲子の時に起る

甲戌 己丑 大暑下 甲辰 己未

己巳 甲申 處暑中 己亥 甲寅

輔直符 杜直使

甲子	輔四 杜四	開乾	死坤	驚兌	天九 地二	陰八 合一
丙寅	輔六 杜二	生巽	開艮	休震	天一 地八	陰二 合九
戊辰	輔四 杜九	傷巽	景坤	生兌	天九 地二	陰八 合一
庚午	輔二 杜七	驚艮	景乾	死坎	天七 地六	陰四 合三
壬申	輔九 避五 杜五	驚坎	景兌	死乾	天二 地七	陰三 合八
甲戌	衝直符三 傷直使三	死坤	開乾	驚兌	天四 地九	陰一 合六

甲戌 己丑 秋分下 甲辰 己未

己卯 甲子 大雪上 己酉 甲午

輔直符 杜直使

乙丑	輔五 杜三	傷艮	休乾	生坎	天七 地六	陰四 合三
丁卯	輔七 杜一	死震	杜坎	景艮	天六 地一	陰九 合四
己巳	輔三 杜八	休兌	驚離	開坤	天四 地九	陰一 合六
辛未	輔一 杜六	休離	驚震	開巽	天八 地三	陰七 合二
癸酉	輔八 杜四	死坤	杜巽	景離	天三 地四	陰六 合七
乙亥	衝五 傷二	死坎	開震	驚艮	天七 地六	陰四 合三

陰遁四局

乙庚の日半夜丙子の時に起る

乙亥 庚寅 **大暑下** 乙巳 庚申

庚午 乙酉 **處暑中** 庚子 乙卯

衝直符 傷直使

丙子	衝傷	六一	景震	驚離	死巽	天一 地八	陰二 合九
戊寅	衝傷	八六	開兌	生坎	休乾	天九 地二	陰八 合一
庚辰	衝傷	二六	杜坎	死震	景艮	天七 地六	陰四 合三
壬午	衝傷	九四	驚乾	休艮	開坎	天二 地七	陰三 合八
甲申	芮直符二 死直使二		開乾	死坤	驚兌	天七 地六	陰四 合三
丙戌	芮死	六九	傷艮	休乾	生坎	天一 地八	陰二 合九

乙亥 庚寅 **秋分下** 乙巳 庚申

庚辰 乙丑 **大雪上** 庚戌 乙未

衝直符 傷直使

丁丑	衝傷	七九	開艮	生巽	休震	天六 地一	陰五 合四
己卯	衝傷	三七	生坤	杜巽	傷兌	天四 地九	陰一 合六
辛巳	衝避傷	一五五	休巽	傷坤	生離	天八 地三	陰七 合二
癸未	衝傷	八三	景離	驚兌	死坤	天三 地四	陰六 合七
乙酉	芮死	五一	景乾	傷坤	杜兌	天七 地六	陰四 合三
丁亥	芮死	七八	景坎	傷兌	杜乾	天六 地一	陰九 合四

陰遁四局

丙辛の日半夜戊子の時に起る

丙子 辛卯 **大暑下** 丙午 辛酉

辛未 丙戌 **處暑中** 辛丑 丙辰

芮直符　死直使

戊子	芮四 死七	景坤	傷巽	杜離	天九	地二	陰八	合一
庚寅	芮二 遁五 死五	開乾	死坤	驚兌	天七	地六	陰四	合三
壬辰	芮九 死三	生兌	開離	休坤	天二	地七	陰三	合八
甲午	蓬直符一 休直使一	死坤	開乾	驚兌	天八	地三	陰七	合二
丙申	蓬六 休八	杜離	死兌	景坤	天一	地八	陰二	合九
戊戌	蓬四 休六	生坎	杜震	傷艮	天九	地二	陰八	合一

丙子 辛卯 **秋分下** 丙午 辛酉

辛巳 丙寅 **大雪上** 辛亥 丙申

芮直符　死直使

己丑	芮三 死六	傷離	休震	生巽	天四	地九	陰一	合六
辛卯	芮一 死四	景震	傷坎	杜艮	天八	地三	陰七	合二
癸巳	芮八 死二	杜巽	生艮	傷震	天三	地四	陰六	合七
乙未	蓬五 休九	驚震	休離	死巽	天七	地六	陰四	合三
丁酉	蓬七 休七	死巽	開坤	驚離	天六	地一	陰九	合四
己亥	蓬三 遁五 休五	驚巽	杜坎	景艮	天二	地九	陰一	合六

陰遁四局

丁壬の日半夜庚子の時に起る

大暑下　丁丑　壬辰　丁未　壬戌
處暑中　壬申　丁亥　壬寅　丁巳

蓬直符　休直使

時	星門	宮				天地	陰合
庚子	蓬休	二四	開震	生離	休巽	天七地六	陰四合三
壬寅	蓬休	九二	景艮	驚巽	死震	天二地七	陰三合八
甲辰	英直符九　景直使九		驚兌	死坤	開乾	天二地七	陰三合八
丙午	英景	六七	開艮	驚坎	休震	天一地九	陰二合八
戊申	英避景	四五五	景坤	杜離	死兌	天九地二	陰八合一
庚戌	英景	二三	生乾	休兌	傷坎	天七地六	陰四合三

秋分下　丁丑　壬辰　丁未　壬戌
大雪上　壬午　丁卯　壬子　丁酉

蓬直符　休直使

時	星門	宮				天地	陰合
辛丑	蓬休	一三	杜坤	死乾	景兌	天八地三	陰七合二
癸卯	蓬休	八一	驚兌	休坎	開乾	天三地四	陰六合七
乙巳	英景	五八	傷乾	生兌	杜坎	天七地六	陰四合二
丁未	英景	七六	死坎	景乾	驚艮	天六地一	陰九合四
己酉	英景	三四	死離	景巽	驚坤	天四地九	陰一合六
辛亥	英景	一二	生震	休艮	傷巽	天八地三	陰七合二

陰遁四局

戊癸の日半夜壬子の時に起る

戊寅 癸巳 **大暑下** 戊申 癸亥

癸酉 戊子 **處暑中** 癸卯 戊午

英直符 景直使

壬子	英九 景一	傷兌	生坤	杜乾	天二 地七	陰三 合八
甲寅	任直符八 生直使八	驚兌	死坤	開乾	天三 地四	陰六 合七
丙辰	任六 生六	驚離	死巽	開坤	天一 地八	陰二 合九
戊午	任四 生四	驚坎	死乾	開艮	天九 地二	陰八 合一
庚申	任二 生二	驚震	死艮	開巽	天七 地六	陰四 合二
壬戌	任九 生九	驚艮	死坎	開震	天一 地七	陰三 合八

戊寅 癸巳 **秋分下** 戊申 癸亥

癸未 戊辰 **大雪上** 癸丑 戊戌

英直符 景直使

癸丑	英八 景九	杜巽	傷震	景離	天三 地四	陰六 合七
乙卯	任五 生七	死震	景艮	驚巽	天七 地六	陰四 合三
丁巳	任七 遯五 生五	開巽	驚震	休離	天六 地一	陰九 合四
己未	任三 生三	驚乾	死兌	開坎	天四 地九	陰一 合六
辛酉	任一 生一	驚坤	死離	開兌	天八 地三	陰七 合二
癸亥	任八 生八	驚兌	死坤	開乾	天三 地四	陰六 合七

陰遁三局　甲己の日半夜甲子の時に起る

夏至中（甲申　己巳）（甲寅　己亥）

寒露下（己丑　甲戌）（己未　甲辰）

白露中（甲申　己巳）（甲寅　己亥）

立冬下（己丑　甲戌）（己未　甲辰）

衝直符　傷直使

甲子	衝三 傷三	死坤	杜巽	開乾	天四 地九	陰一 合六
丙寅	衝五 傷一	傷坎	休兌	景震	天七 地六	陰四 合三
戊辰	衝三 傷八	驚坤	景巽	休乾	天四 地九	陰一 合六
庚午	衝一 傷六	驚巽	景艮	休坤	天八 地三	陰七 合三
壬申	衝八 傷四	杜離	生震	死兌	天三 地四	陰六 合七
甲戌	芮直符一 死直使一	杜巽	死坤	開乾	天七 地六	陰四 合三

衝直符　傷直使

乙丑	衝四 傷三	杜兌	生離	死坎	天九 地二	陰八 合一
丁卯	衝六 傷九	休震	驚坎	傷離	天一 地八	陰二 合九
己巳	衝二 傷七	景坎	傷兌	驚震	天七 地六	陰四 合三
辛未	衝九 避五 傷五	景乾	傷坤	驚艮	天二 地七	陰三 合八
癸酉	衝七 傷三	生艮	開乾	杜巽	天六 地一	陰九 合四
乙亥	芮二 死一	驚艮	休巽	傷坤	天九 地二	陰八 合一

陰遁三局　乙庚の日半夜丙子の時に起る

庚午　乙酉　夏至中　庚子　乙卯

乙亥　庚寅　寒露下　乙巳　庚申

芮直符　死直使

丙子	芮五 死九	景巽	驚坤	休乾	天七 地六	陰四 合三
戊寅	芮三 死七	開坎	生震	杜離	天四 地九	陰一 合六
庚辰	芮一 避五 死五	驚兌	休坎	傷震	天八 地三	陰七 合二
壬午	芮八 死三	傷乾	景艮	驚巽	天三 地四	陰六 合七
甲申	蓬直符一 休直使一	死坤	杜巽	開乾	天八 地三	陰七 合二
丙戌	蓬五 休八	生震	開坎	杜離	天七 地六	陰四 合三

庚午　乙酉　白露中　庚子　乙卯

乙亥　庚寅　立冬下　乙巳　庚申

芮直符　死直使

丁丑	芮六 死八	生坤	杜乾	死艮	天一 地八	陰二 合九
己卯	芮二 死六	生巽	杜坤	死乾	天七 地六	陰四 合三
辛巳	芮九 死四	景震	驚離	休兌	天二 地七	陰三 合八
癸未	芮七 死二	景離	驚兌	休坎	天六 地一	陰九 合四
乙酉	蓬四 休九	景坎	傷兌	驚震	天九 地二	陰八 合一
丁亥	蓬六 休七	驚離	景震	休兌	天一 地八	陰二 合九

陰遁三局

丙辛の日半夜戊子の時に起る

辛未 丙戌 夏至中 辛丑 丙辰

丙子 辛卯 寒露下 丙午 辛酉

蓬直符 休直使

戊子 蓬三 休六 休乾 傷坤 驚艮 天四 地九 陰一 合六

庚寅 蓬一 休四 傷坤 休巽 景乾 天八 地三 陰七 合二

壬辰 蓬八 休二 生兌 開離 杜坎 天三 地四 陰六 合七

甲午 英直符九 景直使九 杜巽 死坤 開乾 天二 地七 陰三 合八

丙申 英五 景七 傷離 景兌 驚坎 天七 地六 陰四 合二

戊戌 英三 避五 景五 休艮 傷巽 景坤 天四 地九 陰一 合六

辛未 丙戌 白露中 辛丑 丙辰

丙子 辛卯 立冬下 丙午 辛酉

蓬直符 休直使

己丑 蓬二 避五 傷五 死震 杜坎 開離 天七 地六 陰四 合三

辛卯 蓬九 休三 開艮 死乾 生巽 天二 地七 陰三 合八

癸巳 蓬七 休一 杜巽 生艮 死坤 天六 地一 陰九 合四

乙未 英四 景八 死震 開離 生兌 天九 地二 陰八 合一

丁酉 英六 景六 杜兌 死坎 開震 天一 地八 陰二 合九

己亥 英二 景四 死離 開兌 生艮 天七 地六 陰四 合三

陰遁三局　丁壬の日半夜庚子の時に起る

壬申 丁亥 夏至中 壬寅 丁巳

丁丑 壬辰 寒露下 丁未 壬戌

英直符　景直使

庚子	英景	一三	生乾	杜艮	死巽	天八地三	陰七合二
壬寅	英景	八一	景坎	驚震	休離	天三地四	陰六合七
甲辰	任直筒八 生直使八		開乾	杜巽	死坤	天三地四	陰六合七
丙午	任生	五六	死巽	生乾	杜艮	天七地六	陰四合三
戊申	任生	三四	驚坎	傷離	景兌	天四地九	陰一合六
庚戌	任生	一二	傷兌	驚巽	休離	天八地三	陰七合二

壬申 丁亥 白露中 壬寅 丁巳

丁丑 壬辰 立冬下 丁未 壬戌

英直符　景直使

辛丑	英景	九二	傷巽	景坤	驚乾	天一地七	陰二合八
癸卯	英景	七九	死坤	開乾	生艮	天六地一	陰九合四
乙巳	任生	四七	景艮	休坤	傷乾	天九地二	陰八合一
丁未	任避生	六五五	生坤	死艮	開巽	天一地八	陰二合九
己酉	任生	二三	傷巽	驚乾	休艮	天七地六	陰四合三
辛亥	任生	九一	杜震	開兌	生坎	天一地七	陰二合八

陰遁三局

戊癸の日半夜壬子の時に起る

夏至中　癸酉　戊子　癸卯　戊午

寒露下　戊寅　癸巳　戊申　癸亥

任直符　生直使

壬子	任八　生九	景乾	休巽	傷坤	天三　地四	陰六　合七
甲寅	柱直符七　禽直使七	開乾	杜巽	死坤	天六　地一	陰九　合四
丙辰	柱五　避五　驚五	開兌	杜震	死離	天七　地六	陰四　合三
戊午	柱三　驚三	開巽	杜乾	死艮	天四　地九	陰一　合六
庚申	柱一　驚一	開艮	杜坤	死乾	天八　地三	陰七　合一
壬戌	柱八　驚八	開震	杜兌	死坎	天三　地四	陰六　合七

白露中　癸酉　戊子　癸卯　戊午

立冬下　戊寅　癸巳　戊申　癸亥

任直符　生直使

癸丑	任七　生八	景離	杜坎	傷震	天六　地一	陰九　合四
乙卯	柱四　驚六	杜離	開坎		天九　地三	陰八　合一
丁巳	柱六　驚四	杜坎	開離	生兌	天一　地八	陰二　合九
己未	柱二　驚二	開兌	杜震	死離	天七　地六	陰四　合三
辛酉	柱九　驚九	開坤	杜艮	死巽	天二　地七	陰一　合八
癸亥	柱七　驚七	開乾	杜巽	死坤	天六　地一	陰九　合四

陰遁二局

甲己の日半夜甲子の時に起る

甲寅 己巳 小暑中 甲申 己亥

己丑 甲戌 霜降下 己未 甲辰

芮直符 死直使

甲子	芮二 死二	杜巽	傷震	死坤	天七 地六	陰四 合三
丙寅	芮四 死九	傷艮	生坎	景巽	天七 地六	陰八 合一
戊辰	芮二 死七	傷巽	生震	景坤	天七 地六	陰四 合三
庚午	芮九 遊五 死五	傷震	生艮	景離	天二 地七	陰三 合六
壬申	芮七 死三	開離	驚巽	生兌	天六 地一	陰九 合四
甲戌	蓬直符一 休直使一	傷震	杜巽	死坤	天八 地三	陰七 合二

甲子 己卯 立秋上 甲午 己酉

己丑 甲戌 小雪下 己未 甲辰

芮直符 死直使

乙丑	芮三 死一	死坎	景乾	開震	天四 地九	陰一 合六
丁卯	芮五 死八	開巽	驚震	生坤	天七 地六	陰四 合三
己巳	芮一 死六	景兌	杜坤	驚坎	天八 地七	陰七 合二
辛未	芮八 死四	生乾	休兌	杜艮	天八 地四	陰六 合七
癸酉	芮六 死二	死坤	景離	開乾	天一 地八	陰二 合九
乙亥	蓬三 休九	休離	生坤	杜乾	天四 地九	陰一 合六

陰遁二局

乙庚の日半夜丙子の時に起る

乙卯 庚午 小暑中 乙酉 庚子

庚寅 乙亥 霜降下 庚申 乙巳

蓬直符 休直使

丙子	蓬休	四八	景坤	死兌	開坎	天九地二	陰八合一
戊寅	蓬休	二六	休乾	生坎	杜震	天七地六	陰四合三
庚辰	蓬休	九四	杜兌	景乾	驚艮	天二地七	陰三合八
壬午	蓬休	七二	杜坎	景艮	驚巽	天六地一	陰九合四
甲申	英直符九 景直使九		杜巽	傷震	死坤	天二地七	陰三合八
丙戌	英景	四七	休震	傷艮	開離	天九地二	陰八合一

乙丑 庚戌 立秋上 乙未 庚辰

庚寅 乙亥 小雪下 庚申 乙巳

蓬直符 休直使

丁丑	蓬休	五七	生乾	傷坎	景震	天七地六	陰四合三
己卯	蓬避傷	一五五	死震	驚巽	休坤	天八地三	陰七合二
辛巳	蓬休	八三	生巽	傷離	景兌	天三地四	陰六合七
癸未	蓬休	六一	生艮	傷震	景離	天一地八	陰二合八
乙酉	英景	三八	景艮	杜坎	驚巽	天四地九	陰一合六
丁亥	英景	五六	生離	休巽	杜兌	天七地六	陰四合三

陰遁二局

丙辛の日半夜戊子の時に起る

丙辰 辛未 小暑中 丙戌 辛丑

辛卯 丙子 霜降下 辛酉 丙午

英直符　景直使

戊子	英避景	二五五	杜離	傷巽	死兌	天七 地六	陰四 合三
庚寅	英景	九三	死巽	景震	開坤	天二 地七	陰三 合八
壬辰	英景	七一	生坤	休離	杜乾	天六 地一	陰九 合四
甲午	任直符八 生直使八		傷震	杜巽	死坤	天三 地四	陰六 合七
丙申	任生	四六	驚離	開坤	生乾	天九 地二	陰八 合一
戊戌	任生	二四	景兌	死乾	開艮	天七 地六	陰四 合三

丙寅 辛亥 立秋上 丙辛 申己

辛卯 丙子 小雪下 辛酉 丙午

英直符　景直使

己丑	英景	一四	休乾	開兌	傷艮	天八 地三	陰七 合二
辛卯	英景	八一	開坎	驚乾	生震	天三 地四	陰六 合七
癸巳	英景	六九	驚兌	死坤	休坎	天一 地八	陰二 合七
乙未	任生	三七	驚巽	開離	生兌	天四 地九	陰一 合六
丁酉	任避生	五五五	傷兌	杜乾	死艮	天七 地六	陰四 合三
己亥	任生	一三	休艮	生震	杜離	天八 地三	陰七 合一

陰遁二局　丁壬の日半夜庚子の時に起る

丁巳 壬申 小暑中 丁亥 壬寅

壬辰 丁丑 霜降下 壬戌 丁未

丁卯 壬午 立秋上 丁酉 壬子

壬辰 丁丑 小雪下 壬戌 丁未

任直符　生直使

庚子	任九 生二	生坤	傷兌	景坎	天二 地七	陰三 合八
壬寅	任七 生九	景乾	死坎	開震	天六 地一	陰九 合四
甲辰	柱直符七 驚直使七	死坤	傷震	杜巽	天六 地一	陰九 合四
丙午	柱四 避五 驚五	杜震	休乾	生坎	天九 地二	陰八 合一
戊申	柱二 驚三	休離	死艮	驚震	天七 地六	陰四 合三
庚戌	柱九 驚一	生巽	驚坎	開艮	天二 地七	陰三 合八

任直符　生直使

辛丑	任八 生一	杜震	景巽	驚坤	天三 地四	陰六 合七
癸卯	任六 生八	休坎	生艮	杜巽	天一 地八	陰二 合九
乙巳	柱三 驚六	休艮	死兌	驚乾	天四 地九	陰一 合六
丁未	柱五 驚四	開離	景艮	死震	天七 地六	陰四 合三
己酉	柱一 驚二	休乾	死離	驚坤	天八 地三	陰七 合二
辛亥	柱八 驚九	傷坎	開坤	休兌	天三 地四	陰二 合一

陰遁二局

戊癸の日半夜壬子の時に起る

戊午 癸酉 **小暑中** 戊子 癸卯

癸巳 戊寅 **霜降下** 癸亥 戊申

柱直符　驚直使

壬子	杜驚 七八	傷坤	開震	休巽	天六 地一	陰九 合四
甲寅	心直符六 開直使六	死坤	傷震	杜巽	天一 地八	陰二 合七
丙辰	心開 四四	死艮	傷兌	杜乾	天九 地三	陰八 合一
戊午	心開 二二	死巽	傷坎	杜艮	天七 地六	陰四 合三
庚申	心開 九九	死震	傷乾	杜坎	天二 地七	陰三 合八
壬戌	心開 七七	死離	傷艮	杜震	天六 地一	陰九 合四

戊辰 癸未 **立秋上** 戊戌 癸丑

癸巳 戊寅 **小雪下** 癸亥 戊申

柱直符　驚直使

癸丑	杜驚 六七	驚兌	杜巽	景離	天一 地八	陰二 合九
乙卯	心遯開 五五五	傷坎	開坤	休兌	天四 地九	陰一 合六
丁巳	心開 三三	休巽	死坎	驚艮	天七 地六	陰四 合三
己未	心開 一一	死兌	傷巽	杜離	天八 地三	陰七 合二
辛酉	心開 八八	死乾	傷離	杜坤	天三 地四	陰六 合七
癸亥	心開 六六	死坤	傷震	杜巽	天一 地八	陰二 合七

陰遁一局

甲己の日半夜甲子の時に起る

甲寅 己巳 大暑中 甲申 己亥

己卯 甲子 處暑上 己酉 甲午

蓬直符 休直使

甲子	蓬休	一一	傷震	死坤	杜巽	天八 地三	陰七 合二
丙寅	蓬休	三八	杜離	驚乾	景坤	天四 地九	陰一 合八
戊辰	蓬休	一六	杜震	驚坤	景巽	天八 地三	陰七 合二
庚午	蓬休	八四	休巽	杜兌	生離	天三 地四	陰六 合七
壬申	蓬休	六二	景艮	開離	死震	天一 地八	陰二 合九
甲戌	英直符九 景直使九		死坤	傷震	杜巽	天二 地七	陰三 合八

甲寅 己巳 秋分中 甲申 己亥

己丑 甲辰 大雪下 己未 甲戌

蓬直符 休直使

乙丑	蓬休	二九	杜乾	驚震	景坎	天七 地六	陰四 合三
丁卯	蓬休	四七	開坤	傷坎	休兌	天九 地二	陰八 合一
己巳	蓬避休	九五五	生兌	景艮	傷乾	天二 地七	陰三 合八
辛未	蓬休	七三	驚坎	生巽	開艮	天六 地一	陰九 合四
癸酉	蓬休	五一	開乾	傷震	休坎	天七 地六	陰四 合三
乙亥	英景	二八	生兌	驚巽	開離	天七 地六	陰四 合三

陰遁一局

乙庚の日半夜丙子の時に起る

乙卯 庚午 **大暑中** 乙酉 庚子

庚辰 乙丑 **處暑上** 庚戌 乙未

乙卯 庚午 **秋分中** 乙酉 庚子

庚寅 乙巳 **大雪下** 庚申 乙亥

英直符　景直使

丙子	英三 景七	生巽	驚坎	開艮	天四 地九	陰一 合六
戊寅	英一 避五 景五	休艮	死兌	驚乾	天八 地三	陰七 合二
庚辰	英八 景二	景震	生乾	傷坎	天三 地四	陰六 合七
壬午	英六 景一	景坎	生坤	傷兌	天一 地八	陰二 合九
甲申	任直符八 生直使八	傷震	死坤	杜巽	天三 地四	陰六 合七
丙戌	任三 生六	死巽	休兌	驚離	天四 地九	陰一 合八

英直符　景直使

丁丑	英四 景六	生離	驚艮	開震	天九 地二	陰八 合一
己卯	英九 景四	驚坤	杜震	景巽	天二 地七	陰三 合八
辛巳	英七 景二	驚乾	杜離	景坤	天六 地一	陰七 合四
癸未	英五 景九	驚兌	杜巽	景離	天七 地六	陰四 合三
乙酉	任二 生七	生兌	景艮	傷乾	天七 地六	陰四 合三
丁亥	任四 避五 生五	休離	杜乾	生坤	天九 地二	陰八 合一

陰遁一局

丙辛の日半夜戊子の時に起る

丙辰 辛未 大暑中 丙戌 辛丑

辛巳 丙寅 處暑上 辛亥 丙申

任直符　生直使

戊子	任二 生四	開艮	傷離	休震	天八 地三	陰七 合一
庚寅	任八 生二	驚震	生坤	開巽	天三 地四	陰六 合七
壬辰	任六 生九	死坎	休巽	驚艮	天一 地八	陰二 合九
甲午	柱直符七 驚直使七	死坤	傷震	杜巽	天六 地七	陰九 合四
丙申	柱三 遯五 驚五	傷艮	開兌	休乾	天四 地九	陰一 合六
戊戌	柱一 驚二	杜乾	休離	生坤	天八 地三	陰七 合二

丙辰 辛未 秋分中 丙戌 辛丑

辛卯 丙午 大雪下 辛酉 丙子

任直符　生直使

己丑	任九 生三	景坤	開坎	死兌	天二 地七	陰三 合八
辛卯	任七 生一	休乾	杜震	生坎	天六 地一	陰九 合四
癸巳	任五 生八	驚兌	生艮	開乾	天七 地六	陰四 合三
乙未	柱二 驚六	杜離	休艮	生震	天七 地六	陰四 合三
丁酉	柱四 驚四	死震	傷乾	杜坎	天九 地二	陰八 合一
己亥	柱九 驚三	景巽	生坎	傷艮	天二 地七	陰一 合六

陰遁一局　丁壬の日半夜庚子の時に起る

丁巳 壬申 大暑中 丁亥 壬寅

壬午 丁卯 處暑上 壬子 丁酉

杜直符　驚直使

庚子	杜驚	八一	驚坎	杜坤	景兌	天三地四 陰六合七
壬寅	杜驚	六八	杜兌	休巽	生離	天一地八 陰二合九
甲辰	心直符六 開直使六		杜巽	死坤	傷震	天一地八 陰二合九
丙午	心開	二四	傷兌	景坎	生坤	天四地九 陰一合六
戊申	心開	四二	驚離	休兌	死巽	天八地三 陰七合二
庚戌	心開	八九	休坤	傷乾	開離	天三地四 陰二合七

丁巳 壬申 秋分中 丁亥 壬寅

壬午 丁卯 大雪下 壬子 丁酉

杜直符　驚直使

辛丑	杜驚	七九	開坤	景震	死巽	天六地一 陰九合四
癸卯	杜驚	五七	景離	生艮	傷震	天七地六 陰四合一
乙巳	心避開	一五五	杜艮	死巽	傷坎	天七地二 陰四合三
丁未	心開	三三	景乾	驚艮	杜兌	天九地二 陰八合一
己酉	心開	九一	開坎	生震	驚乾	天二地七 陰三合八
辛亥	心開	七八	休震	傷離	開艮	天六地一 陰九合四

陰遁一局

戊癸の日半夜壬子の時に起る

戊午 癸酉 大暑中 戊子 癸卯

癸丑 戊辰 處暑上 癸未 戊戌

心直符 開直使

壬子	心六 開七	景 巽	驚 坤	杜 震	天一 地八	陰二 合九
甲寅	禽直符五 死直使五	杜 巽	死 坤	傷 震	天七 地六	陰四 合三
丙辰	禽三 死四	杜 坎	死 震	傷 乾	天四 地九	陰七 合六
戊午	禽一 死一	杜 兌	死 坎	傷 坤	天八 地三	陰七 合二
庚申	禽八 死八	杜 乾	死 艮	傷 兌	天三 地四	陰六 合七
壬戌	禽六 死六	杜 坤	死 乾	傷 離	天一 地八	陰二 合九

戊午 癸酉 秋分中 戊子 癸卯

癸巳 戊申 大雪下 癸亥 戊寅

心直符 開直使

癸丑	心五 遁五 開六	生 艮	杜 巽	休 坎	天七 地六	陰四 合三
乙卯	禽二 死四	死 巽	開 坤	景 震	天七 地六	陰四 合三
丁巳	禽四 死二	生 艮	杜 巽	休 坎	天九 地二	陰六 合一
己未	禽九 死九	杜 震	死 離	傷 艮	天二 地七	陰三 合八
辛酉	禽七 死七	杜 離	死 兌	傷 巽	天六 地一	陰七 合四
癸亥	禽五 遁五 死五	杜 巽	死 坤	傷 震	天九 地四	陰六 合一

金函玉鏡

左に記するものは、遁甲の旬内より、日を逐ひて八門と爲し、吉凶を見るに便せしもの、孔明の軍中に在りて、常に用ひし所と云ひ、宋の岳飛の序文にも、此事を載せたり、軍中に在りては、固より行軍の用と爲し、平常に在りては、日用の選擇に供し、必ず無かるべからざるものなりと云ふ其法左の如し。

冬至後陽遁順行九宮起例

冬至後、甲子の日、艮上より太乙を起し、離上に攝提、坎上に軒轅、坤上に招搖、震上に天符、巽上に靑龍、中宮に咸池、乾上に太陰、兌上に天乙、此れ九星九宮を順行するの法なり。

夏至後陰遁逆行九宮起例

夏至後、甲子の日、坤上より太乙を起し、坎上に攝提、離上に軒轅、艮上に招搖、兌上に天符、乾上に青龍、中宮に咸池、巽上に太陰、震上に天乙、此れ九星九宮を逆行するの順序なり。

九星神名次序起例

一 太乙 二 攝提 三 軒轅 四 招搖 五 天符 六 青龍 七 咸池

八 太陰 九 天乙

太乙青龍太陰天乙を吉神とし、軒轅招搖を平とし、攝提天符咸池を凶神とす。

九星の吉凶

太乙星に逢へば、商業博奕投機の類、必ず錢財を得、婚姻に吉門を出でゝ、阻滯なく、貴人を見るに利し。

攝提星、死門に至るときは、大凶、假合ひ他より相生するものあるも、可ならず、相尅するものあれば、益〻災厄あるべし、求財嫁娶、其他萬事に宜しからず、陰匿するに宜く、言動すれば身を傷る。

軒轅星に逢へば、出入、事を爲して破れ多し、相生するも侵し慢らる、相尅すれは、必ず憂ひあり、遠行すれば、困難の事に遭ひ、商業等、財を損するを疑ひなし。

招搖星に逢ふときは、百事に吉、唯遠行の人は、未だ歸らず、女子の口舌あり。

天符星に逢ふときは、女難を戒む、相尅するときは、好事なし、病人死亡の患ひあり、其他災害に注意すべし。

青龍星に逢ふときは、財利を得、酒食の喜びあり、相生すれば、益錢財を得、百事大吉。

咸池星に逢ふときは、諸事に宜しからず、但相生すれば、破れなし、相尅すれば、災厄あり、投機の類、必ず財を損す。

太陰星に逢ふときは、百禍侵すこと能はず、友人の來り訪ふあり、但行軍には、輕進すべからず。

天乙神に逢ふとき、相生すれば、百事成る、又酒食の喜びあり、婚姻其他大吉。

冬至後　甲子の日

坤 死門 招搖	離 景門 攝提	巽 杜門 青龍
兌 驚門 天乙	中 咸池	震 傷門 天符
乾 開門 太陰	坎 休門 軒轅	艮 生門 太乙

同　乙丑の日

坤 杜門 軒轅	離 景門 太乙	巽 死門 天符
兌 傷門 太陰	中 青龍	震 驚門 攝提
乾 生門 咸池	坎 休門 攝提	艮 開門 天乙

同　丙寅の日

坤 死門 招搖	離 景門 天乙	巽 杜門 攝提
兌 驚門 咸池	中 天符	震 傷門 軒轅
乾 開門 青龍	坎 休門 太乙	艮 生門 太陰

同　丁卯の日

坤 休門 太乙	離 生門 太陰	巽 備門 軒轅
兌 開門 青龍	中 攝提	震 杜門 招搖
乾 驚門 天符	坎 死門 天乙	艮 景門 咸池

同　戊辰の日

巽 攝提 傷門	離 咸池 開門	坤 天乙 休門
震 太乙 死門	中 軒轅	兌 天符 生門
艮 青龍 景門	坎 太陰 杜門	乾 招搖 備門

同　庚午の日

巽 天乙 生門	離 天符 傷門	坤 咸池 杜門
震 太陰 休門	中 太乙	兌 軒轅 景門
艮 招搖 開門	坎 青龍 驚門	乾 攝提 死門

同　己巳の日

巽 太乙 傷門	離 青龍 生門	坤 太陰 休門
震 天乙 杜門	中 攝提	兌 招搖 開門
艮 天符 景門	坎 咸池 死門	乾 軒轅 驚門

同　辛未の日

巽 太陰 開門	離 招搖 驚門	坤 青龍 死門
震 咸池 傷門	中 天乙	兌 攝提 景門
艮 軒轅 生門	坎 天符 休門	乾 太乙 杜門

冬至後

壬申の日

巽 咸池 生門	離 軒轅 傷門	坤 天符 杜門
震 青龍 休門	中 太陰	兌 太乙 景門
艮 攝提 開門	坎 招搖 驚門	乾 天乙 死門

同　癸酉の日

巽 青龍 休門	離 攝提 開門	坤 招搖 驚門
震 天符 生門	中 咸池	兌 天乙 死門
艮 太乙 傷門	坎 軒轅 杜門	乾 太陰 景門

同　甲戌の日

巽 天符 休門	離 太乙 生門	坤 軒轅 傷門
震 招搖 開門	中 青龍	兌 太陰 杜門
艮 天乙 驚門	坎 攝提 死門	乾 咸池 景門

同　乙亥の日

巽 招搖 休門	離 天乙 開門	坤 攝提 驚門
震 軒轅 生門	中 天符	兌 咸池 死門
艮 太陰 備門	坎 太乙 杜門	乾 青龍 景門

同　丙子の日

巽	離	坤
景門 軒轅	死門 太陰	驚門 太乙
震	中	兌
杜門 攝提	招搖	開門 青龍
艮	坎	乾
傷門 咸池	生門 天乙	休門 天符

同　丁丑の日

巽	離	坤
景門 攝提	杜門 咸池	傷門 天乙
震	中	兌
死門 太乙	軒轅	生門 天符
艮	坎	乾
驚門 青龍	閑門 太陰	休門 招搖

同　戊寅の日

巽	離	坤
景門 太乙	死門 青龍	驚門 太陰
震	中	兌
杜門 天乙	攝提	開門 招搖
艮	坎	乾
傷門 天符	生門 咸池	休門 軒轅

同　己卯の日

巽	離	坤
杜門 天乙	傷門 天符	生門 咸池
震	中	兌
景門 太陰	太乙	休門 軒轅
艮	坎	乾
死門 招搖	驚門 青龍	開門 攝提

冬至後 庚辰の日

巽 死門 太陰	離 驚門 招搖	坤 開門 青龍
震 景門 咸池	中 天乙	兌 休門 攝提
艮 杜門 軒轅	坎 傷門 天符	乾 生門 太乙

同 辛巳の日

巽 杜門 咸池	離 傷門 軒轅	坤 生門 天符
震 景門 青龍	中 太陰	兌 休門 太乙
艮 死門 攝提	坎 驚門 招搖	乾 開門 天乙

同 壬午の日

巽 傷門 青龍	離 杜門 攝搖	坤 景門 招搖
震 生門 天符	中 咸池	兌 死門 天乙
艮 休門 太乙	坎 開門 軒轅	乾 驚門 太陰

同 癸未の日

巽 驚門 天符	離 死門 太乙	坤 景門 軒轅
震 開門 招搖	中 青龍	兌 杜門 太陰
艮 休門 天乙	坎 生門 攝提	乾 傷門 咸池

同 甲申の日

巽 招傷 搖門	離 天杜 乙門	坤 攝景 提門
震 軒生 轅門	中 天 符	兌 咸死 池門
艮 太休 陰門	坎 天開 乙門	乾 青驚 龍門

同 乙酉の日

巽 軒生 轅門	離 太休 陰門	坤 太開 乙門
震 攝傷 提門	中 招 搖	兌 青驚 龍門
艮 咸杜 池門	坎 天景 乙門	乾 天死 符門

同 丙戌の日

巽 攝開 提門	離 咸休 池門	坤 天生 乙門
震 太驚 乙門	中 軒 轅	兌 天傷 符門
艮 青死 龍門	坎 太景 陰門	乾 招杜 搖門

同 丁亥の日

巽 太生 乙門	離 青休 龍門	坤 太開 陰門
震 天傷 乙門	中 攝 提	兌 招驚 搖門
艮 天杜 符門	坎 咸景 池門	乾 軒死 轅門

冬至後　戊子の日

巽	離	坤
杜門 天乙	景門 天符	死門 咸池
震	中	兌
傷門 太陰	太乙	驚門 軒轅
艮	坎	乾
生門 招搖	休門 青龍	開門 攝提

同　己丑の日

巽	離	坤
死門 太陰	景門 招搖	杜門 青龍
震	中	兌
驚門 咸池	天乙	傷門 攝提
艮	坎	乾
開門 軒轅	休門 天符	生門 太乙

同　庚寅の日

巽	離	坤
杜門 咸池	景門 軒轅	死門 天符
震	中	兌
傷門 青龍	太陰	驚門 太乙
艮	坎	乾
生門 攝提	休門 招搖	開門 天乙

同　辛卯の日

巽	離	坤
傷門 青龍	生門 攝提	休門 招搖
震	中	兌
杜門 天符	咸池	開門 天乙
艮	坎	乾
景門 太乙	死門 軒轅	驚門 太陰

同　壬辰の日

巽 驚門 天符	離 開門 太乙	坤 休門 軒轅
震 死門 招搖	中 青龍	兌 生門 太陰
艮 景門 天乙	坎 杜門 攝提	乾 傷門 咸池

同　甲午の日

巽 生門 軒轅	離 傷門 太陰	坤 杜門 太乙
震 休門 攝提	中 招搖	兌 景門 青龍
艮 開門 咸池	坎 驚門 天乙	乾 死門 天符

同　癸巳の日

巽 傷門 招搖	離 生門 天乙	坤 休門 攝提
震 杜門 軒轅	中 天符	兌 開門 咸池
艮 景門 太陰	坎 死門 太乙	乾 驚門 青龍

同　乙未の日

巽 開門 攝提	離 驚門 咸池	坤 死門 天乙
震 休門 太乙	中 軒轅	兌 景門 天符
艮 生門 青龍	坎 傷門 太陰	乾 杜門 招搖

冬至後　丙申の日

巽 休門 太乙	離 傷門 青龍	坤 杜門 太陰
震 休門 天乙	中 攝提	兌 景門 招搖
艮 開門 天符	坎 驚門 咸池	乾 死門 軒轅

同　戊戌の日

巽 休門 太陰	離 生門 招搖	坤 傷門 青龍
震 開門 咸池	中 天乙	兌 杜門 攝提
艮 驚門 軒轅	坎 死門 天符	乾 景門 太乙

同　丁酉の日

巽 杜門 天乙	離 開門 天符	坤 驚門 咸池
震 生門 太陰	中 太乙	兌 死門 軒轅
艮 傷門 招搖	坎 杜門 青龍	乾 景門 攝提

同　己亥の日

巽 休門 咸池	離 開門 軒轅	坤 驚門 天符
震 生門 青龍	中 太陰	兌 死門 太乙
艮 傷門 攝提	坎 杜門 招搖	乾 景門 天乙

同 庚子の日

巽 景門 青龍	離 死門 攝提	坤 驚門 招搖
震 杜門 天符	中 咸池	兌 開門 天乙
艮 傷門 太乙	坎 生門 軒轅	乾 休門 太陰

同 辛丑の日

巽 景門 天符	離 杜門 太乙	坤 傷門 軒轅
震 死門 招搖	中 青龍	兌 生門 太陰
艮 驚門 天乙	坎 開門 攝提	乾 休門 咸池

同 壬寅の日

巽 景門 招搖	離 死門 天乙	坤 驚門 攝提
震 杜門 軒轅	中 天符	兌 開門 咸池
艮 傷門 太陰	坎 生門 太乙	乾 休門 青龍

同 癸卯の日

巽 杜門 軒轅	離 傷門 太陰	坤 生門 太乙
震 景門 招搖	中 招搖	兌 休門 青龍
艮 死門 咸池	坎 驚門 天乙	乾 開門 天符

冬至後

甲辰の日

巽 死門 攝提	離 驚門 咸池	坤 開門 天乙
震 景門 太乙	中 軒轅	兌 休門 天符
艮 杜門 青龍	坎 傷門 太陰	乾 生門 招搖

同　乙巳の日

巽 杜門 太乙	離 傷門 青龍	坤 生門 太陰
震 景門 天乙	中 攝提	兌 休門 招搖
艮 死門 天符	坎 驚門 咸池	乾 開門 軒轅

同　丙午の日

巽 傷門 天乙	離 杜門 天符	坤 景門 咸池
震 生門 太陰	中 太乙	兌 死門 軒轅
艮 休門 招搖	坎 開門 青龍	乾 驚門 攝提

同　丁未の日

巽 驚門 太陰	離 死門 招搖	坤 景門 青龍
震 開門 咸池	中 天乙	兌 杜門 攝提
艮 休門 軒轅	坎 生門 天符	乾 傷門 太乙

同　戊申の日

坤　景門 天符	離　杜門 軒轅	巽　傷門 咸池
兌　死門 太乙	中　太陰	震　生門 青龍
乾　驚門 天乙	坎　閬門 招搖	艮　休門 攝提

同　己酉の日

坤　開門 招搖	離　休門 攝提	巽　生門 青龍
兌　驚門 太乙	中　咸池	震　傷門 天符
乾　死門 太陰	坎　景門 軒轅	艮　杜門 天乙

同　庚戌の日

坤　生門 軒轅	離　休門 太乙	巽　開門 天符
兌　傷門 太陰	中　青龍	震　驚門 招搖
乾　杜門 咸池	坎　景門 攝提	艮　死門 天乙

同　辛亥の日

坤　開門 攝提	離　休門 天乙	巽　生門 招搖
兌　驚門 咸池	中　天符	震　傷門 軒轅
乾　死門 青龍	坎　景門 太乙	艮　杜門 太陰

冬至後　壬子の日

巽 杜門 軒轅	離 景門 太陰	坤 死門 太乙
震 傷門 攝提	中 招搖	兌 驚門 青龍
艮 生門 咸池	坎 休門 天乙	乾 開門 天符

同　甲寅の日

巽 杜門 太乙	離 景門 青龍	坤 死門 太陰
震 傷門 天乙	中 攝提	兌 驚門 招搖
艮 生門 天符	坎 休門 咸池	乾 開門 軒轅

同　癸丑の日

巽 死門 攝提	離 景門 咸池	坤 杜門 天乙
震 驚門 太乙	中 軒轅	兌 傷門 天符
艮 開門 青龍	坎 休門 太陰	乾 生門 招搖

同　乙卯の日

巽 傷門 天乙	離 生門 天符	坤 休門 咸池
震 杜門 太陰	中 太乙	兌 開門 軒轅
艮 景門 招搖	坎 死門 青龍	乾 驚門 攝提

同　丙辰の日

巽 驚門 天陰	離 開門 招搖	坤 休門 青龍
震 死門 咸池	中 天乙	兌 生門 攝提
艮 景門 軒轅	坎 杜門 天符	乾 傷門 太乙

同　戊午の日

巽 生門 青龍	離 傷門 攝提	坤 杜門 招搖
震 休門 天符	中 咸池	兌 景門 天乙
艮 開門 太乙	坎 驚門 軒轅	乾 死門 太陰

同　丁巳の日

巽 傷門 咸池	離 生門 軒轅	坤 休門 天符
震 杜門 青龍	中 太陰	兌 開門 太乙
艮 景門 攝提	坎 死門 招搖	乾 驚門 天乙

同　己未の日

巽 開門 天符	離 驚門 太乙	坤 死門 軒轅
震 休門 招搖	中 青龍	兌 景門 太陰
艮 生門 天乙	坎 傷門 攝提	乾 杜門 咸池

冬至後

庚申の日

巽 生門 招搖	離 傷門 天乙	坤 杜門 攝提
震 休門 軒轅	中 天符	兌 景門 咸池
艮 開門 太陰	坎 驚門 太乙	乾 死門 青龍

同 壬戌の日

巽 休門 攝提	離 生門 咸池	坤 傷門 天乙
震 開門 太乙	中 軒轅	兌 杜門 天符
艮 驚門 青龍	坎 死門 太陰	乾 景門 招搖

同 辛酉の日

巽 休門 軒轅	離 開門 太陰	坤 驚門 太乙
震 生門 攝提	中 招搖	兌 死門 青龍
艮 傷門 咸池	坎 杜門 天乙	乾 景門 天符

同 癸亥の日

巽 休門 太乙	離 開門 青龍	坤 驚門 太陰
震 生門 天乙	中 攝提	兌 死門 招搖
艮 傷門 天符	坎 杜門 咸池	乾 景門 軒轅

夏至後　甲子の日

巽	離	坤
開門 太陰	休門 軒轅	生門 太乙
震	中	兌
驚門 天乙	咸池	傷門 天符
艮	坎	乾
杜門 招搖	景門 攝提	杜門 青龍

同　乙丑の日

巽	離	坤
生門 咸池	休門 攝提	開門 天乙
震	中	兌
傷門 太陰	青龍	驚門 招搖
艮	坎	乾
杜門 軒轅	景門 太乙	死門 天符

同　丙寅の日

巽	離	坤
開門 青龍	休門 太乙	生門 太陰
震	中	兌
驚門 咸池	天符	傷門 軒轅
艮	坎	乾
死門 攝提	景門 天乙	杜門 招搖

同　丁卯の日

巽	離	坤
驚門 天符	死門 天乙	景門 咸池
震	中	兌
開門 青龍	招搖	杜門 攝提
艮	坎	乾
休門 太乙	生門 太陰	傷門 軒轅

夏至後　戊辰の日

巽 傷門 招搖	離 杜門 太陰	坤 景門 青龍
震 生門 天符	中 軒轅	兌 死門 太乙
艮 休門 天乙	坎 咸池 開門	乾 驚門 攝提

同　庚午の日

巽 死門 攝提	離 驚門 青龍	坤 開門 招搖
震 軒轅 景門	中 太乙	兌 休門 太陰
艮 杜門 咸池	坎 傷門 天符	乾 生門 天乙

同　己巳の日

巽 驚門 軒轅	離 死門 咸池	坤 景門 天符
震 開門 招搖	中 攝提	兌 杜門 天乙
艮 休門 太陰	坎 生門 青龍	乾 傷門 太乙

同　辛未の日

巽 杜門 太乙	離 傷門 天符	坤 生門 軒轅
震 景門 攝提	中 天乙	兌 休門 咸池
艮 死門 青龍	坎 驚門 招搖	乾 開門 太陰

同　壬申の日

坤 開門 攝提	離 驚門 招搖	巽 死門 天乙
兌 休門 青龍	中 太乙	震 景門 太乙
乾 生門 咸池	坎 傷門 軒轅	艮 杜門 天符

同　甲戌の日

坤 驚門 天乙	離 死門 攝提	巽 景門 咸池
兌 開門 招搖	中 青龍	震 杜門 太陰
乾 休門 天符	坎 生門 太乙	艮 傷門 軒轅

同　癸酉の日

坤 傷門 太乙	離 杜門 軒轅	巽 景門 太陰
兌 生門 天符	中 天乙	震 死門 天乙
乾 休門 青龍	坎 開門 攝提	艮 驚門 招搖

同　乙亥の日

坤 杜門 太陰	離 傷門 太乙	巽 景門 青龍
兌 生門 軒轅	中 天符	震 死門 咸池
乾 休門 招搖	坎 開門 天乙	艮 驚門 攝提

夏至後　丙子の日

坤	離	巽
傷門 咸池	生門 天乙	休門 天符
兌	**中**	**震**
杜門 攝提	招搖	開門 青龍
乾	**坎**	**艮**
景門 軒轅	死門 太陰	驚門 太乙

同　丁丑の日

坤	離	巽
驚門 青龍	開門 太陰	休門 招搖
兌	**中**	**震**
死門 太乙	軒轅	生門 天符
乾	**坎**	**艮**
景門 攝提	杜門 咸池	傷門 天乙

同　戊寅の日

坤	離	巽
傷門 天符	生門 咸池	休門 軒轅
兌	**中**	**震**
杜門 天乙	攝提	開門 招搖
乾	**坎**	**艮**
景門 太乙	死門 青龍	驚門 太陰

同　己卯の日

坤	離	巽
死門 招搖	驚門 青龍	開門 攝提
兌	**中**	**震**
景門 太陰	太乙	休門 軒轅
乾	**坎**	**艮**
杜門 天乙	傷門 天符	生門 咸池

同 庚辰の日

坤 杜門 軒轅	離 傷門 天符	巽 生門 太乙
兌 景門 咸池	中 天乙	震 休門 攝提
乾 死門 太陰	坎 驚門 招搖	艮 開門 青龍

同 辛巳の日

坤 死門 攝提	離 驚門 招搖	巽 開門 天乙
兌 景門 青龍	中 太陰	震 休門 太乙
乾 杜門 咸池	坎 傷門 軒轅	艮 生門 天符

同 壬午の日

坤 休門 太乙	離 開門 軒轅	巽 驚門 太陰
兌 生門 天符	中 咸池	震 死門 天乙
乾 傷門 青龍	坎 杜門 攝提	艮 景門 招搖

同 癸未の日

坤 休門 天乙	離 生門 攝提	巽 傷門 咸池
兌 開門 招搖	中 青龍	震 杜門 太陰
乾 驚門 天符	坎 死門 太乙	艮 景門 軒轅

夏至後　甲申の日

巽 驚門 青龍	離 開門 太乙	坤 休門 太陰
震 死門 咸池	中 天符	兌 生門 軒轅
艮 景門 攝提	坎 杜門 天乙	乾 傷門 招搖

同　丙戌の日

巽 杜門 招搖	離 景門 太陰	坤 死門 青龍
震 傷門 天符	中 軒轅	兌 驚門 太乙
艮 生門 天乙	坎 休門 咸池	乾 開門 攝提

同　乙酉の日

巽 死門 天符	離 景門 天乙	坤 杜門 咸池
震 驚門 青龍	中 招搖	兌 傷門 攝提
艮 開門 太乙	坎 杜門 天乙	乾 生門 軒轅

同　丁亥の日

巽 死門 軒轅	離 景門 咸池	坤 杜門 天符
震 驚門 招搖	中 攝提	兌 傷門 天乙
艮 開門 太陰	坎 休門 青龍	乾 生門 太乙

同　戊子の日

巽 開門 攝提	離 休門 青龍	坤 生門 招搖
震 驚門 軒轅	中 太乙	兌 傷門 太陰
艮 死門 咸池	坎 景門 天符	乾 杜門 天乙

同　庚寅の日

巽 開門 天乙	離 休門 招搖	坤 生門 攝提
震 驚門 太乙	中 太陰	兌 傷門 青龍
艮 死門 天符	坎 景門 軒轅	乾 杜門 咸池

同　己丑の日

巽 生門 太乙	離 休門 天符	坤 開門 軒轅
震 傷門 攝提	中 天乙	兌 驚門 咸池
艮 杜門 青龍	坎 景門 招搖	乾 死門 太陰

同　辛卯の日

巽 生門 太陰	離 死門 軒轅	坤 景門 太乙
震 開門 天乙	中 咸池	兌 杜門 天符
艮 休門 招搖	坎 生門 攝提	乾 傷門 青龍

夏至後　壬辰の日

巽 傷門 咸池	離 杜門 攝提	坤 景門 天乙
震 生門 太陰	中 青龍	兌 死門 招揺
艮 休門 軒轅	坎 開門 太乙	乾 驚門 天符

同　甲午の日

巽 死門 天符	離 驚門 天乙	坤 開門 咸池
震 驚門 青龍	中 招揺	兌 休門 攝提
艮 杜門 太乙	坎 傷門 太陰	乾 生門 軒轅

同　癸巳の日

巽 驚門 青龍	離 死門 太乙	坤 景門 太陰
震 開門 咸池	中 天符	兌 杜門 軒轅
艮 休門 攝提	坎 生門 天乙	乾 傷門 招揺

同　乙未の日

巽 杜門 招揺	離 傷門 太陰	坤 生門 青龍
震 景門 天符	中 軒轅	兌 休門 太乙
艮 死門 天乙	坎 驚門 咸池	乾 開門 攝提

同　丙申の日

巽 軒死 轅門	離 咸景 池門	坤 天開 符門
震 招景 搖門	中 攝 提	兌 天休 乙門
艮 太杜 陰門	坎 青傷 龍門	乾 太生 乙門

同　丁酉の日

巽 攝景 提門	離 青杜 龍門	坤 招傷 搖門
震 軒死 轅門	中 太 乙	兌 太生 陰門
艮 咸驚 池門	坎 天開 符門	乾 天休 乙門

同　戊戌の日

巽 太景 乙門	離 天死 符門	坤 軒驚 轅門
震 攝杜 提門	中 天 乙	兌 咸開 池門
艮 青傷 龍門	坎 招生 搖門	乾 太休 陰門

同　己亥の日

巽 天景 乙門	離 招傷 搖門	坤 攝杜 提門
震 太死 乙門	中 太 陰	兌 青生 龍門
艮 天驚 符門	坎 軒開 轅門	乾 咸休 池門

夏至後　庚子の日

巽 休門 太陰	離 生門 軒轅	坤 傷門 太乙
震 開門 天乙	中 咸池	兌 杜門 天符
艮 驚門 招搖	坎 死門 攝提	乾 景門 青龍

同　辛丑の日

巽 休門 咸池	離 開門 攝提	坤 驚門 天乙
震 生門 太陰	中 青龍	兌 死門 攝提
艮 傷門 軒轅	坎 杜門 太乙	乾 景門 天符

同　壬寅の日

巽 休門 青龍	離 生門 太乙	坤 傷門 太陰
震 開門 咸池	中 天符	兌 杜門 軒轅
艮 驚門 攝提	坎 死門 天乙	乾 景門 招搖

同　癸卯の日

巽 開門 天符	離 驚門 天乙	坤 死門 咸池
震 休門 青龍	中 招搖	兌 景門 攝提
艮 生門 太乙	坎 傷門 太陰	乾 杜門 軒轅

同 甲辰の日

巽 生門 招搖	離 傷門 太陰	坤 杜門 青龍
震 休門 天符	中 軒轅	兌 景門 太乙
艮 開門 天乙	坎 驚門 咸池	乾 死門 攝提

同 乙巳の日

巽 開門 軒轅	離 驚門 咸池	坤 死門 天符
震 休門 招搖	中 攝提	兌 景門 天乙
艮 生門 太陰	坎 傷門 青龍	乾 杜門 太乙

同 丙午の日

巽 驚門 攝提	離 開門 青龍	坤 休門 招搖
震 死門 軒轅	中 太乙	兌 生門 太陰
艮 景門 咸池	坎 杜門 天符	乾 傷門 天乙

同 丁未の日

巽 傷門 太乙	離 生門 天符	坤 休門 軒轅
震 杜門 攝提	中 天乙	兌 開門 咸池
艮 景門 青龍	坎 死門 招搖	乾 驚門 太陰

夏至後　戊申の日

巽 驚門 天乙	離 開門 招搖	坤 休門 攝提
震 死門 太乙	中 太陰	兌 生門 青龍
艮 景門 天符	坎 杜門 軒轅	乾 傷門 咸池

同　庚戌の日

巽 杜門 咸池	離 景門 攝提	坤 死門 天乙
震 傷門 太陰	中 青龍	兌 驚門 招搖
艮 生門 軒轅	坎 休門 太乙	乾 開門 天符

同　己酉の日

巽 死門 太陰	離 景門 軒轅	坤 杜門 太乙
震 驚門 天乙	中 咸池	兌 傷門 天符
艮 開門 招搖	坎 休門 攝提	乾 生門 青龍

同　辛亥の日

巽 死門 青龍	離 景門 太乙	坤 杜門 太陰
震 驚門 咸池	中 天符	兌 傷門 軒轅
艮 開門 攝提	坎 休門 天乙	乾 生門 招搖

同　壬子の日

巽 天符 開門	離 天乙 休門	坤 咸池 生門
震 青龍 驚門	中 招搖	兌 攝提 傷門
艮 太乙 死門	坎 太陰 景門	乾 軒轅 杜門

同　甲寅の日

巽 軒轅 開門	離 咸池 休門	坤 天符 生門
震 招搖 驚門	中 攝提	兌 天乙 傷門
艮 太陰 死門	坎 青龍 景門	乾 太乙 杜門

同　癸丑の日

巽 招搖 生門	離 太陰 休門	坤 青龍 開門
震 天符 傷門	中 軒轅	兌 太乙 驚門
艮 天乙 杜門	坎 咸池 景門	乾 攝提 死門

同　乙卯の日

巽 攝提 驚門	離 青龍 死門	坤 招搖 景門
震 軒轅 開門	中 太乙	兌 太陰 杜門
艮 咸池 休門	坎 天符 生門	乾 天乙 傷門

夏至後

丙辰の日

巽 傷門 太乙	離 杜門 天符	坤 景門 軒轅
震 生門 攝提	中 天乙	兌 死門 咸池
艮 休門 青龍	坎 開門 招搖	乾 驚門 太陰

同 戊午の日

巽 死門 太陰	離 驚門 軒轅	坤 開門 太乙
震 景門 天乙	中 咸池	兌 休門 天符
艮 杜門 招搖	坎 傷門 攝提	乾 生門 青龍

同 丁巳の日

巽 驚門 天乙	離 死門 招搖	坤 景門 攝提
震 開門 太乙	中 太陰	兌 杜門 青龍
艮 休門 天符	坎 生門 軒轅	乾 傷門 咸池

同 己未の日

巽 杜門 咸池	離 傷門 攝提	坤 生門 天乙
震 景門 太陰	中 青龍	兌 休門 招搖
艮 死門 軒轅	坎 驚門 太乙	乾 開門 天符

同　庚申の日

巽 死門 青龍	離 驚門 太乙	坤 開門 太陰
震 景門 咸池	中 天符	兌 休門 軒轅
艮 杜門 攝提	坎 傷門 天乙	乾 生門 招揺

同　辛酉の日

巽 景門 天符	離 杜門 天乙	坤 傷門 咸池
震 死門 青龍	中 招揺	兌 生門 攝提
艮 驚門 太乙	坎 開門 太陰	乾 休門 軒轅

同　壬戌の日

巽 景門 招揺	離 死門 太陰	坤 驚門 青龍
震 杜門 天符	中 軒轅	兌 開門 太乙
艮 傷門 天乙	坎 生門 咸池	乾 休門 攝提

同　癸亥の日

巽 景門 軒轅	離 杜門 天乙	坤 傷門 天符
震 死門 招揺	中 攝提	兌 生門 天乙
艮 驚門 太陰	坎 開門 青龍	乾 休門 太乙

奇門遁甲句解烟波釣叟歌

此一篇は、宋の趙普の撰する所にして、遁甲の學を修る者の座右に備へ、且之を暗誦して、何事にも用ふるものなり、然れども和譯せしものなければ、人皆之を知らず、故に今之を譯述して、何人にも解し易からしむるものなり。

陰陽順逆妙難窮

陰陽の二氣、循環して窮りなし、冬至より以後は、陽氣日に昇り進む、故に陽遁にして順なり、夏至より以後は、陰氣日に昇り進む、故に陰遁にして逆なり而して其陰陽二遁の間に、各種の妙あり、其理を窮め難し。

二至還鄉一九宮

二至とは、冬至と夏至なり、一は坎宮なり、九は離宮なり、冬至には、一陽子に生ず、故に冬至の節は、一宮に居るなり、夏至には、一陰午に生ず、故に夏至の節は、九宮に居るなり、一陽來復する、之を冬至と謂ひ、六陽剥盡せられ、一陰始て生ずる、之を夏至と謂ふなり。

陽順の六儀は、甲子戊一、甲戌己二、甲申庚三、甲午辛四、甲辰壬五、甲寅癸六、三奇は逆にして、丁奇七、丙奇八、乙奇九なり、陰逆の六儀は、甲子戊九、甲戌己八、甲申庚七、甲午辛六、甲辰壬五、甲寅癸四、三奇は順にして、乙奇一、丙奇二、丁奇三なり。

若能了二達陰陽理一、天地都來二一掌中一

若し能く遁法の一理を明かにすれば、二氣、三才、四象、五行、六甲、七曜、八門九星、皆掌握の中より起るなり。

軒轅黄帝戰二蚩尤一、涿鹿經レ今苦未レ休

古へ黄帝軒轅氏、炎帝の後裔蚩尤と、涿鹿の野に戰ひ、蚩尤に勝ちたり、是れ黄帝が遁甲の法を用ひたるに依る。

偶夢天神授符訣、登壇致祭謹虔修

黄帝、夢に大風天下の塵垢を吹き去る、又千鈞の弩を執り、多數の羊群を驅る者あり、寤めて曰く、風を號令と爲す、塵垢を吹き去るは、土去りて后在るなり、天下豈姓は風名は后なる者あるか、又千鈞の弩は、異力なり、多數の羊を牧するは、民を牧して善を爲す者なり、豈姓は力名は牧なる者あるか、乃ち天を祭る、感應ありて、篆文の策書を得、容成に命じて、其字を正さしめ、乃ち奸を除き、邪を絶ち、叛を亡し、邦を安んずるの書なることを知る、黄帝、大に天の時を得しことを喜び、羲和に命じて日を占ひ、尙儀に命じて月を占ひ、大撓をして五行の情を探り、斗綱の建す所を占はしめ、始めて甲子を作り、容成曆を作り、隷首算數を作り、蒼頡字を制し、伶倫律呂を製し、車區星氣を占ひ、容成兼て之を總べしなり。

神龍負圖出洛水、彩鳳啣書碧雲裏

黃帝の天を祭るや、彩鳳玉匣を啣みて、天より降り、其中に前文の篆書ありと云ふ、龍馬の圖を負ふて、洛水より出づと云ふものは、河圖と洛書を併せて言ふ、河圖は、伏羲の時に出で、洛書は大禹の時に出でしものと言ひ傳へ、黃帝の時、未だ洛書の事あらずと雖も、風后の教へを演ぶる所、之と暗合せしを以て言ふなるべし、風后は、伏羲の河圖を演じて、遁甲を爲り、式三層を造りて、以て三才に法り、上層は天に象りて、九星を置き、中層は人に象りて、以て八門を開き、下層は地に象りて、以て八卦に別ち、以て八方を鎭す、冬至と夏至とに隨ひ、陰陽二遁を立て、一は順、一は逆、以て三奇六儀を布く、風后は、伏羲先天の卦に因り、乾南坤北の順を用ふ。

因命風后演成文、遁甲奇門從此始

黃帝、風后を海隅に得、登げて以て相と爲し、力牧を大澤に得て以て將と爲す風后、兵法十三篇、孤虚法十二卷を作り、始て遁甲一千八十局を立つ、遁は隱るゝなり、幽隠の道なり、甲は儀なり、六甲六儀を謂ふなり、用兵機微の理にして、神明の徳に通ず、故に遁甲を以て名と為す、奇は乙丙丁の三奇なり、門は休生傷杜景死驚開の八門なり、詳に下に見ゆ

一千八十當時制、太公刪成七十二

黄帝、始て奇門を創め、四千三百二十條あり、乃ち一節に三元を管し、(上元中元下元各五日、三元共に十五日、一百八十時なり)、毎元に六十局を管す、(乃ち一元五日六十時なれば、乃ち六十局なり)、三元計一百八十局、一歳二十四節なれば、計四千三百二十局なり、夫れ一歳二十四節にして、一節に三元を管すれば、乃ち十五日、一百八十時、十節にして一千八百時、二十節にして乃ち三千六百時、其四節又七百二十時を該ぬ、是れ一歳二十四節、共に四千三百二十時を得、故に四千三百二十局あるなり、風后、又奇門を制して、一千八百局と為す、乃ち一節三元を四十五局と為す、是れ繁冗を約して簡に歸し、黄帝の四局

を一局に總べしなり、周に至り、太公望呂尙、西伯に擧げられ、善く奇門を布き、删りて一節三元と爲し、七十二活局を立て、又之を簡便にせしなり。

逮于漢代張子房、一十八局爲精藝

漢の時に至り、張良字は子房あり、黄石公なる異人あり、秦の亡び漢の興らんとするを知り、書を以て子房に授く、子房遂に高祖を扶け、天下を得せしむ、高祖、子房を封じて留侯と爲す、子房又七十二局を改め、冬至十二節を以て、陽九局と爲し、夏至十二節を陰九局と爲し、約して十八局と爲す、又捷徑なり、然れども十八局七十二局、皆一千八十局を越ゆること能はず、是れ風后の法は、則ち萬世易らざるなり。

先須常上排九宮

坎一、坤二、震三、巽四、中五、乾六、兌七、艮八、離九、之を九宮と謂ふ、又九星ありて、以て九宮を鎭す、地に九宮ありて、以て九州に應ず、其式、托するに靈龜洛書の數を以てす、九を戴き、一を履み、左三、右七、二四を肩と爲し、六八を足と爲し、五は中宮に居るものは、土は火の子、金の母、理を西南坤位に寄する所なり、坎一白の水、正北に居り、坤二黑の土、西南に居り、震三碧の木、正東に居り、巽四綠の木、東南に居り、中五黄の土、中宮に居り、乾六白の金、西北に居り、兌七赤の金、正西に居り、艮八白の土、東北に居り、離九紫の火、正南に居る、是れ常上に排列すべきなり。

縦横十五在其中

東直三宮、巽四震三艮八、共に十五數を得、南北中三宮、離九中五坎一、共に十五數を得、西直三宮、坤二兌七乾六、共に十五數を得、南横三宮、艮八坎一乾六、共に十五數を得、東西中三宮、震三中五兌七、共に十五數を得、北横三宮、艮八坎一乾六、共に十五數を得、東北中西南三宮、艮八中五坤二、共に十五數を得、東南中西北縦三宮、巽四中五乾六、共に十五數を得、直過合せて十五、縦過合せて十五、横過合せて十五、對過合せて十五、乃ち天地萬世不易の數なり。

次將二八卦一論二八節一

天に八風ありて以て八卦に直り、地に八方ありて以て八節に應ず、節に三氣あり、氣に三候あり、之に因りて以て二十四氣を成し、更に之に七十二候を乘じて備るなり。

冬至一宮坎卦　立春八宮艮卦　春分三宮震卦　立夏四宮巽卦　夏至九宮離卦　立秋二宮坤卦　秋分七宮兌卦　立冬六宮乾卦

是れ八節なり。

一氣總レ三爲二正宗一

一氣は中氣にして、即ち雨水、春分、穀雨、小滿、夏至、大暑、處暑、秋分、霜降、小雪、冬至、大寒なり、詩に云ふ、冬至小寒及び大寒、天地人元一二三、（冬至の上局は一、小雪の上局は二、大寒の上局は三、下之に倣ふ）立春雨水並に驚蟄、艮に依りて順增す八九一、春分淸明並に穀雨、但震宮に起る三四五、立夏小滿芒種の氣、四五六列して列を成す、夏至小暑及び大暑、八九七分還退數、立秋處暑並に白露、二より一九に卻行す、秋分寒露及び霜降、七六五此れに依て向ふ、立冬小雪並に大雪、六五四此の訣に依ると、是れなり、例へば、冬至小寒大寒は、坎の一宮に統べ、立春雨水驚蟄は、艮の八宮に統ぶるが如し、陰陽二遁、上中下の圖と併せ見るべし。

陰陽二遁分㆓順逆㆒、一氣三元人莫㆑測

冬至後は陽遁を用ひ、坎一宮より順行す、例へば、冬至上元、陽遁一局、甲子戊一宮に起り、甲戌己二宮に起り、甲申庚三宮、甲午辛四宮、甲辰壬五宮、甲寅癸六宮、丁奇七宮、丙奇八宮、乙奇九宮、乃ち儀順奇逆なり、夏至後は陰遁を用ひ、離九宮より逆飛す、例へば、夏至上元、陰遁九局、甲子戊九宮に起り、甲戌己八宮、甲申庚七宮、甲午辛六宮、甲辰壬五宮、甲寅癸四宮、丁奇三宮、丙奇二宮、乙奇一宮、乃ち儀逆奇順なり、故に順逆を分つと云ふ、又一節を三元に分ち、子午卯酉を上元と爲し、寅申巳亥を中元と爲し、辰戌丑未を下元と爲す、若し三元を明かにせず、奇を用ひて準ぜざれば、不測あることを主る。

五日都來換一元

甲子より戊辰に至るまで、五日を上元と爲し、己巳より癸酉に至るまで、五日を中元と爲し、甲戌より戊寅に至るまで、五日を下元と爲し、此順を以て癸亥に至るなり。

接氣超神爲準的

接は迎接なり、氣は節氣なり、超神は、節氣未だ到らずして、甲子己卯の符頭先づ到り之に超ゆるを謂ふ、接氣は、甲子己卯の符頭未だ到らずして、節氣先づ至るを謂ふ。

認取九宮爲九星

天蓬貪狼は、坎一宮を主り、水に屬す。
天芮巨門は、坤二宮を主り、土に屬す。
天衝（一に沖に作る）祿存は、震三宮を主り、木に屬す。
天輔文曲は、巽四宮を主り、木に屬す。
天禽廉貞は、中五宮を主り、土に屬す。
天心武曲は、乾六宮を主り、金に屬す。
天柱破軍は、兌七宮を主り、金に屬す。
天任左輔は、艮八宮を主り、土に屬す。
天英右弼は、離九宮を主り、火に屬す。

八門又逐九宮行

坎宮蓬星休門　艮宮任星生門　震宮衝星傷門　巽宮輔星杜門
坤宮芮星死門　附中宮禽星寄坤　離宮英星景門　兌宮柱星驚門

乾宮心星開門

以上の配當を謂ふなり。

九宮逢甲爲直符、八門直使自分明

陽遁一局甲子の時、坎一宮に起れば、即ち坎宮天蓬を以て直符と爲し、休門を直使と爲す、甲戌の時、坤二宮に起れば、即ち天芮を直符と爲し、死門を直使と爲す、甲申の時、震三宮に起れば、即ち天衝を以て直符と爲し、傷門を直使と爲す、甲午の時、巽四宮に起れば、天輔を以て直符と爲し、杜門を直使と爲す、甲辰の時、中五宮に起れば、天禽を以て直符と爲し、配して死門を以て直使と爲し、甲寅の時、乾六宮に起れば、天心を以て直符と爲し、開門を直使と爲す、以下之れに倣ふ。

符上之門爲直使、十時一住堪憑據、

遁は、時旬の甲頭を取りて、直符と爲す、陽遁一局の如き、甲子坎宮に在れば、天蓬は、甲子の時の直符たり、則ち休門を直使と爲す、管して癸酉に至り、十時にして住る、甲戌坤宮に直れば、天芮は本時の直符たり、則ち死門を直使と爲す、管して癸未に至り、十時にして住る、又甲申の符頭に換り、震に在れは、天衝を本時の直符と爲し、傷門を直使と爲し、管して癸巳に至り、又交換するが如し、一局六十時にして足り、他局皆此れに倣ふ、陰遁は、此例を以て逆推するなり。

直符常遣加二時干一

九星の直符たるや、常に時干に隨ふ、例へば冬至上元、陽遁一局圖内、乙庚の日、丙子の時、甲申三宮に泊し、天衝事を管す、乙庚の日、申の時は、乃ち甲申の時なり、即ち衝三直符と爲る、故に直符常に時干に加はると云ふ。

直使逆順遁レ宮去

八門の直使たるや、原天盤上、休門は坎に在り、生門は艮に在り、傷門震に居るは、乃ち三宮の定位なり、例へば、冬至上元、陽一局圖内、乙庚の日、申の時、傷門を以て直使と爲す、乃ち時干甲申三宮に居るなり、陽遁は順飛し、陰遁は逆飛す、故に逆順宮を遁れ去ると云ふなり。

六甲元號六儀名

六甲は、天の貴神なり、常に六儀の下に隱る、六儀は、戊己庚辛壬癸なり、甲子は六戊に同く、甲戌は六己に同く、甲申は六庚に同く、甲午は六辛に同く、甲辰は六壬に同く、甲寅は六癸に同じ

三奇即是乙丙丁

遁甲の法たる、甲は乃ち太乙にして、人君の象、十干の首と爲し、常に六儀の下に隱れ、故に之が爲めに遁る、甲の畏るゝ所のものは、庚金能く甲木に克つ、庚は七殺の仇たり、乙は乃ち甲の妹なり、甲は乙妹を以て庚に妻はす、乙庚合ふて能く甲を救ふ、故に乙を一奇と爲す、丙は甲の子にして、丙火能く庚金に

克ち、甲を救ふ、故に丙を二奇と爲す、丁は甲の女なり、丁火亦能く庚金を克して、甲を救ふ、故に丁を三奇と爲すなり。

陽遁順儀奇逆布、陰遁逆儀奇順行、

冬至後十二節、惟陽遁を用ひ、順に六儀を布き、逆に三奇を布き、星符も亦時干に隨ひて行くなり、此事前に見えたり。

吉門偶爾合三奇、値此須云百事宜、

開門休門生門は、即ち北方の三白にして、最吉と爲す、乙丙丁の三奇中、其一を得れば、其臨む所の方、百事大吉、如し門を得て奇を得ざるも、亦用ふべし、奇を得て門を得ざれば、終に吉に非ず、奇と門と倶に得ざれば、則ち凶、當に其大小輕重を計りて、之を用ふべし。

更令從傍加檢點、餘宮不可符微疵、

若し開休生の三吉門、上下盤三奇に合ふを得るも、亦須く三盤上加はる所、餘の七宮、凶星の在る所を檢點すべし、直ちに此れを以て全吉と爲すべからず、他も多く吉に遇へば吉、若し火入金、金入火、虎猖狂、龍逃走、雀入江、蛇夭矯、避五、擊刑、入墓、反吟、伏吟、飛天乙、天綱等の類に遇へば、則ち凶と爲すなり。

三奇得使誠堪使

例へば、陽遁三局、乙庚の日、丁亥の時、日奇甲午に臨むが如き、是れを乙奇得使と爲す、又陽遁五局、丙辛の日、己亥の時、丁奇四宮に臨み、甲辰に合ふが如き、是れを丁奇得使と爲す、是れ等最も吉と爲すなり。

六甲過之非小補

能く三甲を知れば、一開一闔、三甲を知らざれば、六甲盡く闔づと云ふ、六甲は、甲子甲戌甲申甲午甲辰甲寅なり、陽星時に加はるを開と爲し、陰星時に加はるを闔と爲す、陽星は、天蓬天任天冲天輔天禽なり、陰星は、天芮天柱天心なり、六甲の時、闔づれば、百事凶、開けば、百事吉なり。

乙馬逢犬丙鼠猴、六乙玉女騎龍虎、
乙奇、甲午に加はるを馬と爲し、甲戌に加はるを逢犬と爲す、丙奇、甲子に加はるを鼠と爲し、甲申に加はるを猴と爲し、丁奇、甲辰に加はるを龍と爲し、甲寅に加はるを虎と爲す、三奇得使に於て、最も吉と爲すを謂ふなり。

又有三奇游六儀、號爲玉女守門扉、
三奇の六儀に游ぶとは、乃ち天上三奇の乙丙丁、地下三奇の甲戌庚にして、甲子戊、甲戌己、甲申庚、甲午辛、甲辰壬、甲寅癸の六儀に游ぶを謂ふ、此時、宴會喜樂の事に利し。
丁を玉女と爲し、天乙直使の門に會す、故に玉女守門と曰ふ、陽遁一局の如き、順儀逆奇にして、地盤に在りては、丁奇兌に在り、甲子の時、休門坎に起り、乙丑の時、休門坤に至り、丙寅の時、休門震に至り、丁卯の時、休門巽に至り、戊辰の時、休門中に至り、己巳の時、休門乾に至り、庚午の時、休門兌に至る、地盤兌上に丁奇あり、故に甲子の旬、庚午の時を玉女守門と爲すなり、他、之に倣ふ。

甲子の旬は甲午　甲戌の旬は己卯　甲申の旬は戊子
甲午の旬は丁酉　甲辰の旬は丙午　甲寅の旬は乙卯

若作陰私和合事、請君但向此中推、

凡そ陰謀秘密の事は、此玉女守門の時を用ふべしと云ふなり。

天三門兮巽地四戸、問君此法如何處、太衝小吉與從魁、此是天門私出路、地戸除危定與開、擧事皆從此中去、

天門に三あり、從魁、小吉、太衝の三位なり、起法、月將を以て本時に加へ、從魁小吉太衝を尋ぬるなり、月將の事は、下に記す。

天罡　辰　太乙　巳　勝光　午　小吉　未

傳送 申　從魁 酉　河魁 戌　登明 亥
神后 子　大吉 丑　功曹 寅　太衝 卯

又地四戸は、月建を以て本時に加へ、卻て除危定開の在る處に隨ふ、即ち地四戸なり。

例へば、子には子の建を加へ、丑には丑の建を加へ、何れも此くの如くして、建除滿平と、次第に十二辰を繰り、除危定開に當る所、地四戸なり。

六合 太陰 太常 君、三辰元是地私門、更得奇
門相照耀、出門百事總欣欣、

陽時は擊つに宜く、陰時は防ぐに宜し、陽先づ擧げて、陰後に交る、凡そ擊たんと欲するものは、破りて之を擊ち、防ぐものは、密にして之を去る、敗軍の時は、六合の下より走り出づべきなり。

其法、六合、太陰、太常を以て、三辰と爲し、甲日陽貴なれば、天乙貴人を以て、

未に加ふれば、則ち戌六合、巳太陰、卯太常、又陰貴なれば、天乙を以て、丑に加へ、六合、太陰、太常を取る、乙日なれば、則ち陽貴を申に加へ、陰貴を子に加へ、其他之に倣ふ。

陽貴

子	丑	寅	卯	辰	巳	午	未	申	酉	戌	亥
螣蛇	朱雀	六合	勾陳	青龍	天空	白虎	太常	玄武	太陰	天后	貴人

陰貴

子	丑	寅	卯	辰	巳	午	未	申	酉	戌	亥
天后	太陰	玄武	太常	白虎	天空	青龍	勾陳	六合	朱雀	螣蛇	貴人

亥より辰に至るを陽と爲して、陽貴を用ひ、巳より戌に至るを陰と爲して、陰貴を用ふ。

太衝天馬最爲貴、卒然有難難逃避、但當乘取天馬行、劍戟如山不足畏、

天馬は、即ち太衝なり、月將の宮を過ぐるを審にし、即ち月將を以て、用時に

加へ、順に太衝の何れの方に在るを見るべし、即ち天馬方なり、緊急危難の時、奇門を得難ければ、但天馬に乘りて去るべし、則ち劍戟林の如しと雖も、亦能く其禍を避くるなり。

天月將

正月亥	二月戌	三月酉	四月申	五月未	六月午
七月巳	八月辰	九月卯	十月寅	十一月丑	十二月子

地月將

正月寅	二月卯	三月辰	四月巳	五月午	六月未
七月申	八月酉	九月戌	十月亥	十一月子	十二月丑

天馬方吉時定局

毎月吉時　太衝天馬方

	子時	丑時	寅時	卯時	辰時	巳時	午時	未時	申時	酉時	戌時	亥時	
正月	辰	己	午	未	申	酉	戌	亥	子	丑	寅	卯	登明將
二月	巳	午	未	申	酉	戌	亥	子	丑	寅	卯	辰	河魁將
三月	午	未	申	酉	戌	亥	子	丑	寅	卯	辰	巳	從魁將
四月	未	申	酉	戌	亥	子	丑	寅	卯	辰	巳	午	傳送將
五月	申	酉	戌	亥	子	丑	寅	卯	辰	巳	午	未	小吉將
六月	酉	戌	亥	子	丑	寅	卯	辰	巳	午	未	申	勝光將
七月	戌	亥	子	丑	寅	卯	辰	巳	午	未	申	酉	太乙將
八月	亥	子	丑	寅	卯	辰	巳	午	未	申	酉	戌	天罡將
九月	子	丑	寅	卯	辰	巳	午	未	申	酉	戌	亥	太衝將
十月	丑	寅	卯	辰	巳	午	未	申	酉	戌	亥	子	功曹將
十一月	寅	卯	辰	巳	午	未	申	酉	戌	亥	子	丑	大吉將

十二月卯辰巳午未申酉戌亥子丑寅神后將

三爲生氣五爲死、勝在三兮衰在五、能識游

三避五時、造化眞機須記取、

直使、震宮に加はれば、三を生と爲す、宜く之に向ふべし、直使、中宮に加はり、二宮に寄すれば、死と爲り、宜く之を避くべしと云ふなり。

就中伏吟爲最凶、天蓬加著地天蓬、

九星伏吟は、上盤天蓬、地盤天蓬に加はり、九星仍本宮に在りて、動かざるなり、直符伏吟は、上盤甲子、地盤甲子に加はり、六儀此に住るなり、例へば、冬至上元陽遁一局、甲己の日、夜半甲子の時、天蓬直符、一宮に加臨し、時干一宮に在るが如き、門符皆伏吟と曰ふなり。

天蓬若到天英上、須知即是反吟宮、

九星反吟は、天盤一宮上の蓬星、地盤九宮英星上に加はるを反吟と爲す、餘の八宮も此れに同じ、直符反吟は、上盤甲子、下盤甲午に加はり、上盤甲戌、下盤甲辰に加はるを謂ふ、奇門之を蓋ふときは、凶害を見ざれども、然らざれば、災禍立ちどころに至る、凡そ星符對衝、皆反吟なり、子來りて午に加はるが如し。

八門反復皆如此、生在生兮死在死、假令吉宿得奇門、萬事皆凶不堪使、

生門八宮に在りて、門と宮と離れざる、之を伏吟と謂ひ、又生門移りて對宮に在る、之を反吟と謂ふ、門若し此れに遇へば、奇を得るも用ふべからず。

六儀擊刑何大凶、甲子直符愁向東、戌刑在未申刑虎、寅巳辰辰午刑午、

六儀、地支相刑と自刑となり、甲子卯を見、甲戌未を見、甲申寅を見、甲寅巳を見るが如き、相刑と爲す、甲辰甲辰を見、甲午甲午を見るを自刑と爲す、其時

極凶、事を爲すに用ふ可らず。

三奇入墓好思惟、甲日那堪見未宮、丙奇屬火火墓戌、此時諸事不須爲、更兼天乙（天盤乙奇）來臨六、月奇臨六亦同論、

三奇入墓は、六乙日奇、下六宮に臨み、六丙月奇、下六宮に臨み、六丁星奇、下八宮に臨むを謂ふ、乙奇の下六宮に臨むも同じ、百事皆凶。

又有時干入墓宮、課中時下忌相逢、戊戌壬辰兼丙戌、癸未丁丑一同凶、

丙戌の時、丙は陽火に屬し、火の墓、戌に在り。
壬辰の時、壬は陽水に屬し、水の墓、辰に在り。
丁丑の時、丁は陰火に屬し、火の墓、丑に在り。
癸未の時、癸は陰水に屬し、水の墓、未に在り。

戊丑の時、戊は陽土に屬し、土の墓、戌に在り。
己丑の時、己は陰土に屬し、土の墓、丑に在り。

五不遇時龍不精、號爲日月損光明、時干來尅日干上、甲日須忌時忌庚、

五不遇時は、時の干より日の干を尅する時にして、百事凶、乃ち陽干より陽干を尅し、陰干より陰干を尅す、其日時左の如し。

日	五不遇時
甲子	庚午
戊辰	甲寅
壬申	戊申
丙子	壬辰
庚辰	丙子 丙戌
乙丑	辛巳
己巳	乙丑 乙亥
癸酉	己未
丁丑	癸卯
辛巳	丁酉
丙寅	壬辰
庚午	丙子 丙戌
甲戌	庚午
戊寅	甲寅
壬午	戊申
丁卯	癸卯
辛未	丁酉
乙亥	辛巳
己卯	乙丑 乙亥
癸未	己未

庚申	丙辰	壬子	戊申	甲辰	庚子	丙申	壬辰	戊子	甲申
丙子丙戌	壬辰	戊申	甲寅	庚午	丙子丙戌	壬辰	戊申	甲寅	庚午
辛酉	丁巳	癸丑	己酉	乙巳	辛丑	丁酉	癸巳	己丑	乙酉
丁酉	癸卯	己未	乙丑乙亥	辛巳	丁酉	癸卯	己未	乙丑乙亥	辛巳
壬戌	戊午	甲寅	庚戌	丙午	壬寅	戊戌	甲午	庚寅	丙戌
戊申	甲寅	庚午	丙子丙戌	壬辰	戊申	甲寅	庚午	丙子丙戌	壬辰
癸亥	己未	乙卯	辛亥	丁未	癸卯	己亥	乙未	辛卯	丁亥
己未	乙丑乙亥	辛巳	丁酉	癸卯	己未	乙丑乙亥	辛巳	丁酉	癸卯

奇與門兮共太陰、三般難得總加臨、若還得二亦爲吉、舉措行藏必遂心、

陽遁直符前二宮を太陰と爲し、陰遁直符後二宮を太陰と爲す、言ふは、奇と門

と太陰と、三者皆同く從ふことを得ざれども、二者を得れば、亦吉なり、凡そ門を擇む、萬事開休生の三門に宜し、乙丙丁に合はざるも亦吉、又太陰六合九地宮より奇を助くるときは、之を用ひて、十分の利あり、若し三門三宮に合ひて、詐宮なきは、之を有奇無陰と謂ひ、七分の利を得、若し三門奇なきは、之を有陰無奇と謂ひ、犯す者、利あらず、若し三門三奇に合ひ、下太陰宮に臨むは、眞詐と曰ひ、又三門三奇に合ひ、下九地宮に臨むは、重詐と曰ひ、又三門三奇に合ひ、下六合宮に臨むは、休詐と曰ふ、眞詐は、恩を施し陰遁するに宜く、重詐は、人口を進め、財を取り、官を拜するに宜く、休詐は、療病祈禳等に宜し。

更得直符直使利、兵家用事最爲貴、當從此地撃其衝、百戰百勝君須記、

昔し曹操の兵を用ふる、此法を行ひて、常に勝を得と云ふ。

天乙之神所在宮、大將宜居撃對衝、假令直

符居離九、天英坐取擊天蓬、

第一勝は、天乙宮なり、天上直符、天乙宮に乘る、上將之に居り、兵を用ひて、其衝を擊つなり、又曰く、若し陽遁に在りては、即ち天上直符居る所の宮を用ひ、若し陰遁に在りては、地下直符居る所の宮を用ひ、上將之に居て、其衝を擊てば、勝つなり。

第二勝は、九天宮なり、陽遁、天上直符後一を九天と爲し、陰遁、地下直符前一を九天と爲す、我が軍、九天の上に立て、其衝を擊てば、敵人敢て我が鋒に當らず。

第三勝は、生門宮なり、生門三奇の吉宮に遇ふとき、上將兵を引て、生門より死門を擊てば、百戰百勝なり。

例へば、大寒上元陽三局、甲己の日、丁卯の時、天上直符、六丁に乘り、九宮に臨む、正南を天乙宮と爲し、第一勝と爲す、九天四宮東南、第二勝なり、生門丁奇と七宮に合ふ、正西、第三勝なり、又陰八局、甲己の日、平旦の時、地下直符八宮に在り、東北天乙宮、第一勝と爲す、九天三宮に在り、正東第二勝なり、生門六宮に臨む、西北第三勝なり。

五の不可撃あり、第一は天乙宮を撃たず、二は九天宮を撃たず、三は生門宮を撃たず、四は九地宮を撃たず、五は直使宮を撃たざるなり。

例へば、陽八局丙辛の日、辛卯の時、天乙、坤二宮に在り、西南なり、生門、三宮に在り、正東なり、九地、四宮に在り、南東なり、直使、八宮に在り、東北なり、以上撃つべからす、又陰七局、甲己の日、丙寅の時、天上直符、九宮に臨む、正南なり、九天二宮に臨む、西南なり、生門一宮に在り、正北なり、九地七宮に在り、正西なり、直使五宮に在り、二宮に寄す、西南なり、以上撃つ可らざるなり。

甲乙丙丁戊陽時、神居天上要君知、坐撃須隱天上奇、陰時地下亦如之、

五陽時は、客と爲るに利し、客たるの時は、先づ兵を擧げ、鼓を鳴らして、以て勝を決するに利し、時下甲乙丙丁戊の五干を得れば、諸事皆吉なり、例へば、甲己の日、夜半甲子を生す、甲子の時より、戊申の時に至るまで、甲乙丙丁戊を得、此の五陽時、客たるに利し、陰陽二遁に拘らざるなり。

若見三三奇在二五陽一、偏宜二爲レ客自高強一、忽然逢
着五陰位、又宜二爲レ主好載詳一、

五陰時は、己庚辛壬癸なり、此時は、主たるに利し、主たるものは、後に兵を擧ぐるに利し、旗を低れ、枚を銜み、敵を待て後に動き、以て勝を決すべし、己庚辛壬癸の五干は、惡神事を治む、拜官移徙婚姻出行興造等、百事皆凶とす、例へば、甲己の日、夜半甲子を生じ、巳より酉に至るの間、己庚辛壬癸を得、陰陽二遁に拘らず、此例に依るべし。

直符前三六合位、太陰之神、在二前二一、後一宮

中爲二九天一、後二之神爲二九地一、
陽遁は、直符、騰蛇、太陰、六合、勾陳、朱雀、九地、九天、陰遁は、直符、九天、九地、玄武、白虎、六合、太陰、騰蛇なり。

九天之上好揚兵、九地潜藏可立營、伏兵但向太陰位、若逢六合利逃形、

九天は剛健の至極なり、九地は幽隠の至深なり、九天の上に動くは、攻むるの至りなり、九地の下に藏るゝは、守るの至りなり、九天の氣運る所、亦此氣を藉りて、兵を揚ぐるに利し、九地は蒙晦の氣なれば、此氣の運る所は、亦此氣を藉りて、形迹を藏すべく、太陰の中、以て逃亡すべきなり、例へば、陽遁上元一局、甲己の日、丙寅の時、天上直符、八宮に臨み、後一九天一宮に臨み、後二九地六宮に臨み、前二太陰四宮に臨み、前三六合九宮に臨むが如し、又陰遁上元九局、甲己の日、丙寅の時、天上直符、二宮に臨み、前一九天七宮に臨み、前二九地六宮に臨み、後二太陰四宮に臨み、後三六合三宮に臨むが如し、其法、甲上直符、四三六七に加はるを吉と爲し、二八九五に加はるを凶と爲すなり。

天地人分三遁名、天遁月精華蓋臨、地遁日

精紫雲蔽、人遁當知是大陰、

上盤六丙　中盤生門　下盤六丁　之を月華の蔽と謂ひ、上盤六乙　中盤開門

下盤六己　之を日精の蔽と謂ひ、上盤六丁　中盤休門　下盤太陰　之を星精

の蔽と謂ふ、是れ天遁地遁人遁なり。

生門六丙合六丁、此爲天遁自分明、

生門六丙、月奇に合ひ、下六丁に臨むを天遁と爲す、例へば陽遁四局、乙庚の

日、日入を乙酉の時と爲し、天心を直符と爲す、時干、六己に加はり、開門を直

使と爲す、時干、七宮に加はる、即ち生門丙月奇と合ひ、下六丁に臨む、是れ天

遁なり、又陰遁六局、戊癸の日、哺時、天蓬を直符と爲す、時干、六庚に加はり、

休門を直使と爲す、時干、四宮に加はる、即ち生門丙月奇と合ひ、六丁に九宮

に臨む、是れ天遁なり。

開門六乙合六己、地遁如斯而已矣、

開門六乙、日奇と逢ひ、地下六己に臨むを地遁と爲す、例へば陽遁一局、丙辛の日、日出辛卯の時、天衝を直符と爲し、時干、六辛に加はり、傷門直使一宮に臨み、日奇六己に二宮に臨む、是れ地遁なり。

休門六丁共太陰、欲求人遁無過此、

休門六丁、星奇と前二太陰に合ふを人遁と爲す、例へば、陽遁七局、乙庚の日、夜半丙子の時、天任を直符と爲し、時干、六丙に加はり、生門一宮に加はる、即ち休門六丁、星奇と前二太陰六宮に合ふ、是れ人遁なり。

要知三遁何所宜、藏形遁跡斯爲美、

以上三遁、最も陰遁するに宜く、人能く窺ふなし、萬事吉利なり。

雲遁は、天上六乙、地下六辛に合ひ、開休生三門に臨むなり。

風遁は、天上六乙、開休生三門に巽宮に合ふなり。

龍遁は、乙奇三宮、開休生門に坎宮に合ふなり。

虎遁は、天上六乙、地下六辛に合ひ、休門に臨み、艮宮に到るなり。
神遁は、天上の六丙、九天生門に合ふなり。
鬼遁は、六乙、九地に杜門に合ふなり。
以上天地人を合せて、九遁と名づく、奇を用ふる者、知らざる可らず。

庚為二太白一丙熒惑、庚丙相加誰會得、

庚金は、巳に生じ、祿を得、甲に臨官し、酉に旺す、乃ち西方の金星、太白と號す、丙火は、虎に生じ、祿を得、午に旺す、南方の火德、號して熒惑星と為す、上盤の庚、下盤の丙に加はり、或は上盤の丙、下盤の丙に加はるを謂ふなり。

六庚加レ丙白入熒、

天庚の地丙に加はるは、乃ち金を以て火鄉に入り、尅を受く、凶と為す、例へば、清明上元、陽遁四局を用ふ、甲己の日、日晡壬申の時と為す、此時、六壬八宮に在り、天輔直符六庚と為す、六丙に二宮に加臨す、即ち太白の熒惑に入るなり。

六丙加庚熒入白、

天丙、地庚に加はるを、火、金鄉に入ると爲す、上盤の丙、地盤の庚に加はるなり、例へば、小滿上元、陽遁五局を用ふ、丙辛の日、黃昏時を戊戌の時と爲す、此時六戊、五宮に在り、天任直符を得、六丙、下六庚に七宮に臨む、即ち熒惑の太白に入るなり、此時、諸事凶。

白入熒兮賊即來、

天上の六庚、六丙に加はるを太白入熒と爲し、賊の來らんと欲するなり、金、火鄉に入りて、尅を受く、凶なり、敵に對しては、宜く賊の來るを防ぐべし、例へば、夏至中元、陰遁三局、乙庚の日、平旦戊寅の時、六庚、一宮に在り、天芮直符を以て、時干に三宮に加ふれば、即ち六庚、下六丙に二宮に臨む、即ち太白の熒惑に入るなり、又天心天柱の離宮に至るも、金の火鄉に入るなり。

癸入白兮賊須滅、

天盤六丙の地盤庚に加はるなり、例へば、陰遁六局、甲己の日、丙寅の時、六丙八宮に在り、天心直符を以て、時干に加ふれば、即ち六丙、下六庚に四宮に臨む、此れ熒惑の太白に入るなり、又天英、景門の七宮に到るも、火、金卿に入るなり。

丙爲勃兮庚爲格、格則不通勃亂逆、

天丙、地庚に加はるを勃と爲し、天庚、地癸に加はるを格と爲す、此時、諸事に凶とす。

丙加天乙爲直符、天乙加丙爲飛勃、

天上六丙、地下當年月日時干に當るものは、勃なり、勃は亂なり、天上の六丙、年月日時干に臨むものは、直符なり、凡そ事を擧げ、兵を用ふる、勃に遇へば、綱紀紊亂を主る、例へば、冬至中元、陽遁七局、丁壬の日、日斜丁未の時、六丙、五宮に在り、寄せて二宮に在り、直符天芮を以て、時干六丁に四宮に加ふれば、即ち六丙、六丁に四宮に臨む、此れを時勃と名づく。

庚加日干爲伏干、

日干、若し六庚に遇ひ、此れに臨むを伏干格と名づけ、相侵す、戰ひは利あらず、主と爲れば、必ず擒せらる、例へば、小滿上元、陽遁五局、甲己の日、壬申の時、六壬、九宮に在り、即ち天柱六庚と爲り、下九宮に臨む、今日甲午、天柱六庚の加ふる所たるを見る、此れを天乙伏干格と爲す。

日干加庚飛干格、

今日の干、六庚に加はるを飛干格と曰ふ、此時、戰鬪すれば、主家共に傷る、例へば、小滿上元、陽五局、甲己の日、庚午の時、甲子五宮、二宮に寄せ、直符天禽を以て、時干六庚に七宮に加ふれば、即ち六甲を得、下六庚に七宮に臨むが如し。

加一宮分戰在野、同一宮分戰于國、

庚、日干に加はり、日、庚に加はる、倶に利あらず、庚、一宮或は天盤庚、或は地盤庚一宮に同するが如し、戰ひ利あらざるを主る、天乙、六庚と同宮すれば、國に戰ひ、凶なるを謂ふ。

庚加直符天乙伏、

庚、直符宮に加はるを伏干格と爲し、主と爲り、鋒を交ふれば、多く利あらず、客たるに利し、例へば、立春下元、陽二局、甲己の日、壬申の時、六壬、六宮に在り、天上天芮を以て、直符と爲し、時干六壬に六宮に加ふれば、即ち天輔を得、六庚と爲し、下直符天芮に二宮に臨む、是れなり。

直符加甲天乙飛、

直符、庚に加はるを天乙飛宮格と名づく、此時、主客皆利あらず、例へば、春分中元、陽遁九局、甲己の日、日中庚午の時、六甲、二宮に在り、天英を直符を爲す、天上直符を以て、時干甲に二宮に加ふれば、即ち天英を得て、直符と爲し、下二宮に臨む、六庚を見る、是れなり。

庚加癸爲大格、

六庚、癸に加はるを名けて大格と曰ふ、天上の六庚、地下六癸に臨むを謂ふ、此時、百事に用ふ可らず。

加壬之時爲上格、又兼歳月日時逢、

直符天衝、時干六丙に一宮に加はれば、即ち天禽を得て、六庚と爲る、例へば、大寒上元、陽遁三局、甲己の日、丙寅の時、六庚、五宮に在り、二宮に寄す、此時凶なり。

加己爲刑最不宜、

例へば、小寒上元、陽遁二局、丙辛の日、己丑の時、六庚、四宮に在り、直符天輔を以て、時干六己に三宮に加ふ、此れを時格と爲す、宜しからざるなり。

更有一般奇格者、六庚謹勿加三奇、此時若也行兵去、匹馬隻輪無還期、

六庚の丙丁奇天英に加はるを、下より上を尅すと爲す、先づ擧ぐる者は凶、行きて返ることとなし、六庚の乙奇天衝天輔傷門杜門に加はるは、上より下を尅すと爲し、先づ擧ぐる者は勝ち、敵に在りては匹馬隻輪も還る者なし。

六　癸　加　丁　蛇　夭　矯、

六癸の六丁に加はる、六癸は天盤に在り、六丁は地盤に在り、是れを蛇夭矯と爲す、此時、百事利あらず、例へば、冬至下元、陽遁四局、丙辛の日、半夜戊子の時、六癸、九宮に在り、直符天心を以て、時干六戊に四宮に加ふれば、即ち天英を得、六癸、六丁に一宮に臨む、奇門之に臨むありと雖も、亦虚驚して安からざることを主る。

六　丁　加　癸　雀　入　江、

丁は火に屬す、朱雀と爲す、癸は水に屬す、故に丁の癸に加はるを朱雀入江と爲す、此時、百事皆凶、例へば、夏至中元、陰遁三局、甲己の日、壬申の時、六丁、六宮に在り、直符天衝を以て、時干六壬に八宮に加ふれば、即ち六丁、下六癸に七宮に臨む、是れを朱雀投江と爲すなり、

六乙加辛龍逃走、

金を太白と爲す、乃ち白虎、木を青龍と爲す、金より木を尅するを、龍虎相戰ふと爲し、凶とす、青龍、乙辛に加はれば、金木相親まず、神龍方に遁る、故に龍逃走と曰ふ、六乙の庚に加はるも同じ、例へば、立秋上元、陰遁二局、丙辛の日、己亥の時、六乙、三宮に在り、直符天任を以て、時干六己に二宮に加ふれば、即ち六丁、下六辛に八宮に臨む、是れ龍逃走なり。

六辛加乙虎猖狂、

天上の六辛、地下六乙に加はるを、名けて白虎猖狂と曰ふ、此時、宜く事を擧

ぐ可らず、主客兩つならず傷る、婚姻修造等、皆凶なり、例へば、小暑中元、陰遁二局、甲己の日、壬申の時、天芮直符、六辛に加はり、下三宮に臨む、六乙、三宮に在り、是れを白虎猖狂と爲す。

請觀四者是凶神、百事逢之莫措手、

天干陰陽、和すれば、則ち吉、和せざれば、則ち凶、陽干より陰干を剋するが如きは、合と爲す、甲の己を剋するが如し、即ち甲と己と合ふ、陰干より陽干を剋するは、宮星と爲し、甲の辛より剋を受くるが如し、即ち辛を以て宮と爲す、陽にして陽の剋を受け、陰にして陰の剋を受くるが如き、皆不和と爲す、乙辛丁癸の四干、皆陰剋に屬す、其禍救ふ可らず、故に諸事に用ふ可らざるなり。

丙加甲兮爲跌穴

天盤丙の地盤甲子に加はるを飛鳥跌穴と爲す、大吉なり、擧動皆利ありと爲す、例へば、大寒陽遁九局、甲己の日、辛未の時、六丙、七宮に在り、直符天英を以て、時干六辛に三宮に加ふれば、即ち六丙、下六甲に九宮に臨む、此れを鳥跌穴と謂ふなり。

甲 加 丙 兮 龍 返 首、

天上甲子、地丙に加はるを青龍返首と名つけ、百事に吉なり、吉門卦なしと雖も、亦事に用ふべし、例へば、冬至上元陽一局、甲己の日、丙寅の時、六丙、八宮に在り、天上甲子天蓬直符を以て、時干六丙に八宮に加ふ、是れなり。

只 此 二 者 是 吉 神、爲 事 如 意 十 八 九、

飛鳥跌穴、青龍返首の二者、大吉なるを謂ふ、諸事皆意の如くなるべし。

六丁の六甲三奇に加はり、六丁の六乙に加はるは、皆吉、六甲の六乙に加はるは、二龍相爭ふ、凶、六甲の六戊に加はるは、　青龍困みを受く、凶、六壬の六庚に加はるは、羣虎穴に入ると曰ひ、凶。

八 門 若 遇 開 休 生、諸 事 逢 之 總 稱 情、傷 宜 捕

獵。終須獲、杜好邀遮及隱形、

開門は、遠く征討し、又は君に見へ。名を求むるに宜く、向ふ所、志を達すべし、休門は、百事皆吉、生門は、營造求財、寶を獲るに宜し、傷門は、漁獵追捕等に宜し、杜門は、人を邀へ、或は之を止め、又凶逆を誅伐するに宜し。

景上投書幷破陣、驚能擒訟有聲名、若問死門何所主、只宜弔死與行刑、

景門は、上書遣使、陣を突き、圍みを破るに宜し、死門は、刑を行ひ、死を弔ひ、葬を送るに宜し、此方に行く者は、病を得ることあり、驚門は、賊を捕へ、訟へを聽くに宜し。

蓬任衝輔禽陽星、英芮柱心陰宿名、

天蓬天任天衝天輔天禽の五星は、陽に屬し、天英天芮天柱天心の四星は、陰に屬す、八三四宮を陽宮と爲す、故に蓬任衝輔を配し、二七六一は陰宮と爲す、

故に英芮柱心を配するなり。

輔禽心星爲上吉、衝任小吉未全亨、大凶蓬芮不堪使、小凶英柱不精明、

天輔天禽天心の三星は、上吉と爲し、天衝天任の二星は、小吉と爲し、之を得るときは、吉と雖も、未だ完全ならず、天蓬天芮の二星は、大凶にして、諸事に用ふべからず、天英天柱の二星は、半吉半凶にして、精明ならざるものとす。

大凶無氣變爲吉、小凶無氣亦同之、

前に記す大凶の星と雖も、旺相の氣なきときは、變じて吉と爲り、或は小凶と爲り、小凶の星、旺相の氣なければ、亦同く吉と爲るべし、旺相のことは、後に記す。

吉宿更能逢旺相、萬擧萬全功必成、若遇休囚并廢沒、勸君不必進前程、

凡そ吉星も亦旺相の氣に遇ふを要す、若し休囚廢沒に遇へば、亦用ふべからす、若し上吉次吉の星にして、旺相の氣なければ、則ち中平、旺相の氣に乘れば、則ち大吉、死休の氣に乘れば、則ち凶と爲るべし、休囚廢沒のことは、後に記す。

要識九星配五行、各隨八卦考義經、坎蓬星水離英火、中宮坤艮土爲營、乾兌爲金震巽木、旺相休囚看重輕、

九星を以て五行に配することを識らんと欲せば、周易の八卦に隨ひて、之を推考すべし、即ち乾坤艮巽の四卦は、四隅に寄せ、乾は西北に位し、坤は西南に位し、艮は東北を司り、巽は東南を司り、震は東にして、兌は西、離は南にして、坎は北、乾剛兌柔を二金と爲し、震陽巽陰を二木と爲し、坤濕艮燥を二土と爲し、坎は潤下して水、離は炎上して火、二と爲すべからず、夫れ金木は形

なり、水火は氣なり、形あるものは差別あり、氣には精粗なし、是れ或は一と爲り、或は二と爲る所以なり。

與我同行即爲相、我生之月誠爲旺、廢於父母休於財、囚於鬼兮眞不妄、

九星の休旺とは、九星各我が生ずるの月に旺し、我が尅するの月に休し、相とは、同類の月に相し、死とは、我れを生ずるの月に死し、囚とは我れを尅するの月に囚するを謂ふなり。

假令水宿號天蓬、相在初冬與仲冬、旺於正二休四五、其餘倣此自研窮、

例へば、天蓬星は水宿にして、十月と十一月とに旺し、正月と二月とに相し、七月と八月とに死し、三月六月九月十二月に囚し、四月五月に休するが如し、他は之に倣ふ、旺相の二つは吉にして、死囚休の三つは凶なりと知るべし。

急則従神緩従門、三五反覆天道亨、

若し事急にして、時を擇むに暇あらざるときは、三奇吉門、天乙所在宮、及び直符の神宮に當る所を見て去るべし、之を従神と謂ひ、自然に吉を獲るなり、蓋し直符甲子、常に六戊に従ふ、是れを天門と爲す、事急なれば、則ち天上六戊より下り去るべし、事緩ければ、則ち時を待ち、三奇吉門を得て去るべし、三は三奇なり、五は五吉星、天英天任天衝天輔天心なり。

宮制其門不爲迫、門制其宮是迫雄、

吉門、迫を被れば、吉事成らず、凶門、迫を被れば、凶事尤も甚だし、宮より門を制するは凶迫、門より宮を制すれば吉迫と爲す、又門より宮を生ずるを和と爲し、宮より門を生ずるを義と爲す、例へば、開門三宮に臨み、休門九宮に臨み、生門一宮に臨み、景門七六宮に臨むが如きは、吉と爲す、門、迫せらるれば、則ち凶たること尤も甚だし。

天綱四張無走路、一二綱低有路通、三至四宮行入墓、八九高強任西東、

天綱四張の時は、萬物悉く傷る、百事大凶と爲す、但神に高下あるを知り、低ければ出づべく、高ければ出づ可らず、出づれば必ず傷る、若し包圍せらるれば、卯未酉三宮より、何門に合ひ、奇のある所を見て、破り出づべきなり。例へば、天乙一宮に在れば、其神地を去ること一尺、二宮に在れば、地を去ること二尺、皆天上六癸の下、即ち天乙加はる所の宮なり、此時必ず匍匐して出づべし、若し三尺以上に至れば、出でがたきなり、例へば、大暑下元陰遁四局を用ふ、乙庚の日、日出の時、己卯と爲す、此時天上六癸、八宮に在り、天任直符を以て、三宮に加ふれば、天任を得、六癸、下八宮に臨む、即ち天綱高さ八尺なり、陽遁も之に倣ふ。

節氣推移時候定、陰陽順逆要精通、三元積

數成六紀、天地未成有一理、

一卦を以て、三節に流けば、則ち共に二十四氣を成し、一節十五日を以て、三候に分てば、則ち共に七十二候を成す、六紀は、乃ち七十二候の數なり、此れ天地造化一定の理數なるを謂ふ。

請觀歌理精微訣、非是賢人莫傳與、

此の歌中の語、句々神の如く、字々妙あり、賢者に非ざれば、妄りに傳ふべからず、恐らくは小人之を用ひ、害を生ずることあらん、故に不仁の人に傳ふ可らざることを誡むるなり。

附　裴晉公遁甲出行要訣

天干

甲九　乙八　丙七　丁六　戊五

戊九　庚八　辛七　壬六　癸五

地支

子九	丑八	寅七	卯六	辰五	巳四
午九	未八	申七	酉六	戌五	亥四

此法、例へば、甲子の日、他に行かんとするに、甲も子も皆九なれば、二九十八を得、其門を出づる時、辰の時なれば五、合せて二十三、又巳の時なれば、四にして、合せて二十二なり、他も之に倣ふ。

各数の吉凶、左の如し。

十三吉	十四凶	十五吉	十六吉	十七凶
十八吉	十九凶	二十凶	廿一吉	廿二吉
廿三凶	廿四吉	廿五吉	廿六吉	廿七凶

毎日出門ごとに、凶を避け、吉に従ふべきなり。

八門遁甲秘傳 大尾

大正五年五月廿五日印刷
大正五年六月一日發行
大正十年六月一日再版

定價金貳圓五拾錢

著作者　東京市本郷區湯島四丁目五番地　柄澤照覺
發行者　東京市本郷區湯島四丁目五番地　柄澤正義
印刷者　東京市神田區雉子町三十四番地　高橋一郎
印刷所　東京市神田區雉子町三十四番地　成章堂

發行所　東京市本郷區湯島四丁目五番地　神誠館
電話小石川三六〇九番
振替口座東京五三六五番

八門遁甲秘伝

定価　五八〇〇円+税

大正　五　年六月　一　日　初版発行（神誠館）
平成十八年五月三十日　復刻版発行

著者　柄澤照覚

発行　八幡書店
東京都品川区上大崎二―十三―三十五
ニューフジビル二階
電話　〇三（三四四二）八一二九
振替　〇〇一八〇―一―九五一七四

ISBN4-89350-641-2 C0014 ¥5800E